김문배 장로의 신앙간증

"우리가 알거니와 하나님을 사랑하는 자
곧 그의 뜻대로 부르심을 입은 자들에게는
모든 것이 합력하여 선을 이루느니라. (로마서 8:28)"

먼저, 부족한 저를 특별히 사랑하시고 오늘까지 붙들어 주셔서
복되고 영광스러운 장로장립을 허락하여 주신
하나님 아버지께 감사와 찬송을 드립니다.

또한 주님의 사랑 안에서 부족한 저를 이끌어 주시고
말씀으로 믿음 안에서 키워주신 본 교회 대한예수교
장로회 엘림교회 최순복 목사님을 비롯하여,
엘림교회 모든 성도 여러분께도 이 자리를 빌어,
다시 한 번 감사를 드립니다.

지　　음	김문배
초판발행	2015년 8월
발 행 처	대한뉴스신문
발 행 인	김남규
등　　록	제 315-2015-047호
주　　소	경기도 성남시 수정구 수진동 49번지 성지빌딩 5층 문배나눔재단
전　　화	031-759-7111
홈페이지	http://blog.naver.com/mbtrade
이 메 일	mbkim07@naver.com

김문배 장로의 신앙간증

김문배 지음

목 차

추천사 · 최순복 목사 (엘림교회 담임목사)
추천사 · 김정숙 목사 (온누리교회/부목사, 삼성서울병원 원목)
추천사 · 정장식 장로 (고교동창, 전 포항시장, 중앙공무원교육원장)
간증집을 집필하며 · 엘림교회 장로 · 문배나눔재단 원장 김문배

1부 아내의 기도

1) 세 번의 암 수술
2) 첫 교회, 첫 설교의 은혜
3) 병 때문에... 더욱 깊어진 우리의 사랑
4) 아내의 희생과 고통으로 인하여 받은 축복

- 최순복 목사님의 증언 I

5) 심령이 가난한 자는 복이 있나니
6) 천사의 모습으로 나타난 나의 아내
7) 완전한 자유로움
8) 아내 대신 해야 할 일들
9) 자녀들에게 믿음의 뿌리를

- 사랑의 편지 I

2부 나는 축복받은 장로

1) 청도 시골 선생님
2) 포스코의 '일당 백' 시골 청년
3) 하나님께 속한 선거
4) 성전을 세우다

- 최순복 목사님의 증언 II

5) 성령의 두루마리
6) 기적을 체험하다
7) 믿음의 씨앗을 나누다

- 사랑의 편지 II

3부 새로운 비전

- 문배나눔재단 정기후원자 감사 문자
- 간증집에 대한 소감문

추 천 사

최순복 목사 (엘림교회 담임목사)

세상에서 가장 슬픈 것이 가장 아픈 것이 무엇일까?
생명을 잃은 것이 아닐까!

이 간증집을 통하여 사랑하는 사람의 생명을 잃고 아픔과 슬픔 속에 있는 수많은 사람들에게 큰 힘과 위로가 될 것이다. 하나님은 간절히 부르짖는 기도를 반드시 응답해 주시는 것을 확신하게 될 것이다.

우리의 인생의 고통을 하나님께서 어떻게 일으켜 주시며 어떻게 이끌어 가시는지를 이 간증집을 통하여 보게 되며 믿음의 큰 역사를 체험하게 될 줄 믿는다.

예수님께서 우리의 죄를 담당하시려 그 아픔과 고통과 생명을 주신 것을 고백하며 김문(민)배 장로님으로 이 간증집을 집필하게 하신 하나님께 영광을 돌리며 감사를 드린다.

주님의 몸 된 교회를 세우고 아픔과 슬픔에 빠져있는 고통 당하는 자들을 위해 십자가 사랑을 몸소 실천하며 사시는 김문(민)배 장로님의 믿음의 삶의 헌신은 실로 놀랍다.

이 간증집을 읽는 모든 사람들에게 성령님의 역사에 감동 감화되어 하나님 내미시는 권능의 손 잡게 될 줄 바란다.

이 간증집을 통하여 슬픔과 아픔이 있는 수많은 사람들에게 은혜가 되어 십자가 구원의 은총이 함께 할 것을 기도하며 믿으면서 이 간증집을 적극 추천한다.

추 천 사

김정숙 목사(온누리교회 부목사/삼성서울병원 원목)

김문배 장로님의 간증 글이 책으로 펼쳐지게 되어 축하드리며 이 글이 이 시대에 젊은이들에 그리고 기성세대 모두에게 공감과 교훈이 되었으면 좋겠다.

김문배 장로님을 가까이서 뵙게 된 것은 2006년 아내 되신 (故) 김명숙 집사님의 1주기 추모 날이었다. 당시 나는 삼성 서울병원 원목으로 사역 한 지 9년이 지나고 있는 때였다. 김명숙 집사님을 19층 VIP 병동에서 매일 방문하여 기도해 드리고 믿음으로 격려하며 희망의 끈을 놓지 않도록 돕고 있었다. 대체로 오전 중에 홀로 있는 외로운 시간을 이용하여 방문하기 때문에 가족 외에 외부인과의 만남은 별로 없었다. 가끔 오후에 병상을 찾을 때면 김문배 장로님은 아내를 적극적으로 돕고 계셨다. 내가 들어가면 슬그머니 자리를 피하셔서 복도 창가에서 상념에 잠겨 서 계신 모습이 그 당시 회상이다.

믿음이 없어서 그러시겠지 하며 예배를 드리고 나올 때 아내에게로 들어가시는 모습이 눈에 선하다. 그 상황에서 느낀 점은 아내에게 참으로 잘 하시는 분이었다. 남편과 자녀들이 최선을 다해 아름다운 모습으로 투병의 의지를 갖도록 도와주시는 모습을 보면서 감동을 받았다. (故)김명숙 집사님께서는 언제나 남편과 자녀들을 이렇게 말씀하셨다. "제 남편은 아주 좋은 분입니다. 착하고 성실하고, 우린 참으로 행복한 부부였다."고 그리고 남매가 잘 자라 주고 공부도 잘해 주어서 고맙다고 말씀하셨던 기억이 새롭다.

장로님께서는 무엇보다도 아내의 안정과 영적 도움을 위해 VIP 병실에 입원 시키시고 매일 예배와 투병생활에 편안히 영적 돌봄을 받을 수 있도록 최상의 환경을 만들어 주셨던 것이 존경스럽다. 아무리 힘든 상황에서도 예배드리기를 기뻐하셨던 김명숙 집사님은 참으로 행복한 여인이라고 격려하면 "그래서 좀 더 오래오래 살고 싶다."고 삶의 의욕을 보이시며 하나님께 더욱 매어 달리셨다.

당시 온누리 병원 선교팀장이셨던 송영민 권사님께서 집사님의 병상에 동행하셨고 온누리 순에서 따뜻한 심방과 관심과 배려 그리고 여러분들의 사랑의 방문 등 전 방향으로 영적 도움을 받았던 행복한 환우셨다.

1주기 추모 이후 장로님께서는 아내를 영적으로 도우셨던 분들을 소중히 여기시고 가정사에 초대하심으로 김갑선 장로님을 비롯하여 「온사랑」이라는 이름으로 우리는 가끔 만나 장로님의 간증을 듣기도 하고 근간의 안부를 묻는 시간을 갖곤 한다. 아내를 천국으로 보내시고 돌아온 빈자리는 견딜 수 없는 외로움과 고통으로 몸부림치면서 함께 지냈던 방에 들어가시기가 힘겨워 거실 소파에 잠이 들곤 하셨단다. 사르르 잠이 들었을 때 따뜻한 손길로 이불을 덮어 주는 손길이 있어 아내의 손인가 너무 반가워 눈을 떠 보면 사랑하는 딸 지은이의 손길이었다고 하셨다.

아내의 빈자리는 남매의 효심으로 많은 위로가 되셨지만 어느 날 천국 환상을 보여 주심으로 인해 장로님이 되시기까지 하나님의 인도 하심을 보게 되었다. 그리고 믿음의 사람으로 발돋움 하시면서 '나중 된 자가 먼저 된다'는 말씀처럼 영적 폭탄이 터진 것을 보게 되었다. 계속되는 성경 통독과 찬양과 예배 그리고 사랑실천과 나눔과 전도 등… 나는 전능의 하나님께서 이 아들을 긍휼히 여기시고 찾아 주셨고 이 시대에 헌신의 사람으로 만들어 가시는 것을 보아왔다.

재정이 넉넉해도 어려운 이웃을 위해 사회에 기부하기는 쉽지 않다. 장로님께서는 새 하늘과 새 땅을 경험한 이후로 모든 영역에서 하나님의 뜻을 찾았고 실천하시려고 노력을 하셨다. 이 땅에서의 주신 물질로 "문배나눔재단"이 만들어지기까지 하나님은 한 사람을 재창조해 가심을 보면서 장로님의 철저한 신앙의 힘은 아내의 마지막 순간까지 주님 손 붙잡고 아름다운 죽음으로 말미암아 천국 사다리를 놓아 주신 것을 통해 이루어지고 있다고 본다.

이 믿음의 향연이 두 자녀의 삶과 자녀 손을 통해 이 땅에서 하나님 나라를 건설해 가는 본이 될 것을 믿는다. 그리고 축복한다.

추 천 사

정장식 장로
(서울 우리 응답교회 장로/전 포항시장/중앙공무원교육원장/고교동창)

진정 '하나님의 사람'인 문배친구에게!

친구야!
얼마 전 마치 옆에 있는 사람에게 조용히 말하듯이 자네가 걸어온 인생길을 잔잔하게 기록한 자서전을 잘 읽어 보았다네. 흔히들 이런 유형의 글에는 어려운 문자를 섞어 어떻게 더 잘 포장을 할까 고민하면서 군데군데 가식의 덩어리가 가득할 터인데, 너무나도 진솔하여 있는 그대로 물 흐르듯이 적어 나간 자네 글은 우선 읽어 나가기에 편했다네.

가까이 있음에도 그 고마움을 모르고 지내는 공기나 물처럼, 자네와는 자주 만나는 편이면서도 지금까지 몰랐던 많은 사실들을 새삼스레 발견할 수가 있었네. 마치 잘 익은 석류 알처럼 내공이 꽉 찬 자네의 값진 삶이 한없이 부럽기만 하였다네.

친구의 걸어온 길 중에는 정말 소중한 가치를 가진 일들이 많이 있었지만, 그중에서도 내가 가장 반가웠던 점은, 자네가 걸어온 삶 그 자체를 보고서 인위적인 강요나 언급이 없었음에도 불구하고, 저절로 자연스럽게 예수님 전도가 이루어져 수많은 영혼들을 하나님 앞으로 인도하였다는 사실이었지. 하나님께서 가장 기뻐하시는 일이 이 영혼구원의 소임이 아니겠는가!

오늘날 한국교회의 현실을 볼 때 제대로 된 장로 한 사람이 그 어느 때보다 필요한 시점이라서 그러한 생각이 더욱 드는지는 몰라도, 하나님께서는 정말 믿을 수 있는 '참 크리스천', '참 하나님의 사람'을 찾으시고 계시는데, 친구인 자네가 바로 그 사람이 아닌가 싶네. 오늘날 이 땅위의 인생들은 하나같이 돈을 좇아 미친 듯이 질주해가는 위험하기 그지없는 삶을 살아가고 있지 않은가! 이러한 이 세상의 움직임과는 거꾸로, 이 돈을 필요한 곳에 적절하게 기쁨으로 나누어주는 자네의 삶이야말로, 가장 복되고 현명한 삶이 아닌가 싶네!

하나님이 주신 '재물의 복'의 진정한 의미를 모른 채, 온갖 음란 등 죄악을 저지르면서 하루하루 짐승처럼 살아가는 졸부들이 얼마나 많은지를 우리는 가까이서 매일 보고 있지 않은가! 불쌍한 이웃들을 위한 삶이 아니라, 자기 주변 가족의 안일과 자신만의 정욕을 채우기에 분주한 삶을 살아가는 것이 오늘날 이 나라의 가진 자들의 모습이 아닐까 싶네. 야고보 선생의 말씀처럼 낮은 자들을 위한 '행동이 뒤따르는 믿음'을 말 그대로 실천해나가고 있는 자네의 믿음이야말로 진정 '참 크리스천'이라고 말하고 싶네. 정말 부질없는 돈 보따리를 불끈 끌어안고 비참한 생을 마감하는 이 땅 위의 또 다른 부자들과 자네의 숭고한 삶을 어찌 비교라도 할 수가 있겠는가!

친구야! 진정 자랑스럽구나!
더군다나 하나님께서 가장 기뻐하시는 성전을 봉헌해드리고, 주위의 낮고 어려운 이웃들에 대한 자네의 사랑과 헌신을, 하나님께서 얼마나 기뻐하실는지는 불을 보듯이 선명한 것 같구나!
모르긴 해도 이러한 마음은 일찍부터 자네에게 하나님께서 주신 특별한 은사가 아닌가 싶구나. 남을 긍휼히 여기는 마음 밭은 하나님이 주시지 않으면 억지로 될 수 있는 것은 아닌 것으로 생각하네. 어찌 인간의 얄팍한 계산 뿐이었다면 아무리 돈이 많이 있다 한들, 이미 이 세상을 하직한 아내의 친정집 식구들을 그렇게 챙길 수가 있었겠는가!

일평생 친구가 걸어온 길을 옆에서 보고 있는 나로서는 사실 솔직한 심정으로 걱정거리가 하나 있었지. 바로 이명박대통령을 위한 자네의 행보였었다네. 특히 친구가 사업을 하고 있기에 약간은 걱정스러운 마음으로 쳐다볼 수밖에 없었다네.

그러나 나중에 안 사실이었지만 이러한 나의 기우는 정말 쓸데없는 걱정이었음이 판명되었지. 흔히 보는 것처럼 세상적으로 무슨 반대급부를 바라고 한 일이 아니라, 그야말로 오직 나라를 위한 충정으로 바른 대통령을 뽑는데 일조를 한다는 마음뿐이었지! 이러한 순수한 마음으로 '희망코리아'를 운영해 온 자네에게는, 아마도 하나님께서도 감동되셔서 숱한 고난과 역경을 이기게 하신 것이 아닌가 싶네. 더군다나 그처럼 큰일을 하고서도 무슨 생색을 낸다든지, 얼굴을 낸다든지 하는 일에는 진정 꺼려하던 자네의 모습이야말로, 모든 이들에게 감동을 주었으며 고개를 끄덕이게 하였던 것 같구나.

이 글을 쓰고 있는 나 자신 스스로도 자네 같은 사람을 친구로 인연을 맺고 있는 것이 한없이 자랑스럽구나. 지금 이 순간 한 점 거짓 없이 써내려가고 있는 나의 펜이 정말 신바람이 나는구나!

세상적으로나 하늘나라 일이나 이처럼 큰일을 하고 있는 자네에게, 하나님인들 어찌 가만히 계실 수가 있었겠는가? 먼저 하늘나라에 가 계신 자네 부인께서 살아생전에 자네의 구원을 그토록 소망하셨고, 더욱 확실히 하기 위하여 천사의 모습으로 자네에게 나타난 것 모두가, 자네 부인의 지극한 사랑도 사랑이지만 자네를 한없이 사랑하시는 하나님께서 치밀한 시나리오로 만드신 '하나님 사랑'의 극치가 아닌가 여겨지네!

일찍이 자네의 인간됨을 미리 내다보신 하나님께선 이 세상 어느 누구에게도 쉽게 주시지 않는 물질의 복을 내려주신 것만 보아도, 하나님의 자네에 대한 각별한 사랑을 어찌 부인할 수가 있겠는가! 그동안 자네의 일거수일투족을 보고 계셨던 하나님께서는 "내가 일찍이 김문배라는 인간을 점찍었었는데 과연 나의 판단이 틀림없었구나." 하시면서 만면에 웃음을 띠고 계시는 것 같구나.

훌륭하게 잘 자라온 자네의 두 아들딸 또한 주님의 특별한 축복이자 은총인 것 같구나! 이 세상 부자들 자신들의 추한 모습은 물론이고 대를 이은 후세들의 아름답지 못한 언행으로 우리 모두를 슬프게 만드는 것이 오늘의 현실일진데, 자녀교육까지 이렇게 훌륭하게 시킨 것을 보니 우리 문배가 참으로 명석한 친구임에는 틀림없는 것 같구나!
너무나도 고마우이!
늘 베풀면서 살아온 자네의 삶과 비교하여 보면, 공직자로서 일평생 살아온 나 자신이 부끄럽기 그지없네. 남에게 베풀지 못한 삶인 데다가, 더욱이 공직 말년에는 열매도 맺지 못한 선거에 출마하여 온 지인들에게 엄청난 신세만을 진 나의 인생길을, 지금은 많은 회한으로 되돌아보고 있다네.

그러고 보니 언젠가 내가 중앙공무원교육원장으로 재임 시에 도지사출마를 준비하고 있다는 소문을 듣고, 사무실로 찾아와 크나큰 위로를 남기고 간 자네의 모습이 지금도 나의 두 눈에 선명히 남아 있지. 이 역시 '돈 없는 공직자 친구인 장식이'를 조금이라도 도와주겠다는 순수한 자네의 우정의 발로였음을 피부로 느낄 수가 있었다네.

아무튼, 자네는 고교동창들 모두에게 너무나도 자랑스럽고 고마운 친구로서 자리매김하고 있지. 앞으로 남은 삶도 주위의 모든 사람들에게, 성경 첫머리에 등장하는 믿음의 조상인 아브라함처럼 복의 근원이 되어 주길 바라네. 그리하여 자네와 함께하면 아니 곁에만 가도, 자서전에 적힌 것처럼 겨우(?) 오던 비가 그친 정도가 아니라 더 큰 기적이 일어나는 주인공이 되길 바라네.

요한3서의 바울 선생의 기도처럼 문배친구의 주위에 있는 모든 지인들은 "네 영혼이 잘됨같이 네가 범사에 잘 되고 강건하기를 내가 간구하노라."라는 기도로 남은 일평생을 마무리하게나!

문배친구야! 사랑한다! 고마워!

간증집을 집필하며...

엘림교회 장로 · 문배나눔재단 원장 김문배

먼저 이 간증집을 쓰도록 주관하신 하나님께 영광과 감사를 돌립니다.

하나님 아버지의 마음은 구원에 있습니다. 그래서 독생자 예수님 말씀이 육신이 되어 죄인 된 저와 모든 사람들을 위하여 이 땅에 오셨고 그 십자가에서 친히 물과 피를 흘리사 저와 우리를 구원해 주셨습니다. 하나님의 자녀가 된 사람들은 날마다 저 높은 곳을 향하여 나아가야 하며 나아가는 길은 하나님의 말씀과 기도란 두 날개가 있어야 한다고 생각합니다.

저는 이 간증집을 쓰지 않고는 견딜 수 없는 마음을 주신 주님께 순종하는 마음으로 간증집을 발간하게 되었습니다. 또 저를 통하여 하나님 하시는 역사를 전파하시기 위하심에 순종하였습니다. 이 간증집은, 부족한 사람이 예수님을 만나기 이전의 삶과 예수님을 만난 이후 변화되어 사는 삶을 솔직하게 믿음의 고백으로 기록하였습니다. 그래서 어떤 부분은 다소 어설픈 표현들이 있더라도 이해해 주시길 부탁드립니다.

이 간증집은 아내 (故) 김명숙 집사의 인생 마지막까지 생명을 끈 간절한 절규하는 기도 "내가 죽어서라도 당신을 구원하겠다."는 믿음의 생명의 헌신 터 위에 저를 세우시고 이끄시어 하나님의 사람으로 만들어 쓰심을 고백합니다.

이 신앙의 고백 간증집을 통하여 죄악의 쾌락 속에 있는 영혼들에게는 성령님의 역사로 회개의 역사가 일어나 예수 그리스도를 만나는 새 생명 구원을 얻길 간절히 바랍니다. 고통과 신음 속에 있는 수많은 사람들에게, 병들어 신음하며 가난과 슬픔과 절망 속에 있는 사람들에게, 고통받으며 근심하는… 많은 사람들에게 크신 힘과 소망이 넘치시길 바랍니다.

이 간증집이 발간되어 나오기까지 저의 신앙성장의 지도와 기도하고 함께 수고해 주신 모든 분들의 노고에 감사드리며 그리스도 예수의 동역자 되어 하나님께 큰 영광 돌리는 복음의 동역자 되어 사는 축복이 함께하시길 기도합니다.

이 간증집을 접하는 모든 사람들에 구원의 새 생명의 역사와 그 나라와 그 의를 구하는 기도의 응답과 풍성한 축복 속에서 예수 그리스도 증인 되어 복음 전파하는 믿음과 은혜가 넘치시길 기도합니다.

1부

아내의 기도

"하나님! 이렇게 저한테 고통을 줄 때는
틀림없이 큰 복을 계획하고 계실 것입니다."

·

·

"내가 죽어서라도 당신을 구원하겠다."

1) 세 번의 암 수술

"아내는 죽어 한 알의 밀알이 되어 그 밀알이 구원의 씨앗으로 내 몸속으로 들어와 썩어서 뿌리를 내리고, 꽃이 피고 열매를 맺어 새사람 새 생명으로 다시 태어났다."

내가 어떻게 하나님을 만났으며 하나님을 만난 후 어떻게 변했는지, 또 나와 내 자식들에게 어떠한 축복을 주었는지, 나를 통해서 하나님이 어떠한 일을 하셨고 현재 어떤 일들을 하고 계시는지 나는 이 자리를 빌려 증거 하려고 한다.

그 시작에는… "죽어서라도 나를 구원하겠다."는 아내의 생명을 건 기도가 있었다.

"내가 진실로 진실로 너희에게 이르노니 한 알의 밀이 땅에 떨어져 죽지 아니하면 한 알 그대로 있고 죽으면 많은 열매를 맺느니라(요한복음 12:24)"

아내의 병이 처음 발견된 것은 2001년 11월. 첫 암이 갑상선암이다.
사실 나는 1990년도부터 아내와 함께 삼성의료원에서 건강검진을 매년, 정기적으로 받아 왔지만, 그러나 그때까지만 해도 아내는 건강했고 그런 병이 몸속에서 자라고 있으리라고는 꿈에라도 상상할 수 없었다. 그런데 2001년 갑상선 암이 발견되고 또 2002년에는 위암, 2004년에는 난소암. 아내가 이 세상을 떠나기 전까지 암은 늘 아내와 함께했다.

처음 2001년도에 아내가 삼성의료원 정기검진에서 갑상선암이라는 판정을 받았을 때 걱정은 됐지만, 그러나 병원에서 갑상선암은 그냥 단 한번 정도의 수술이면 치료가 가능하다고 했다. 그것도 초기라서 다 들어내지 않고도 가능한 수술로 크게 걱정할 정도는 아니었다. 그 당시에는 갑상선암이 암 축에도 들지 않는다는 것이다. 그래서 마음이 놓였다.

의사 선생님 말처럼 수술은 잘 끝났고 나도, 아내도 다시 일상으로 돌아왔다. 정말 암 축에도 들지 않기에, 수술도 잘 되었다 하고... 그래서 그것으로 끝인줄 알았는데, 1차 수술이 끝나고 일 년쯤이 지나고 나서 2002년도 검사에서 위암이라는 판정을 받았다. 갑상선암을 수술한지 불과 1년여 만에 또 다시 위암이 새로이 발견되었다. 비록 초기지만 암 위치가 위의 맨 위쪽에 있어 위 전체를 절단해야만 했다.

2002년 9월에 위암 수술 후, 2년 반 만에 난소에 전이되어 2004년도에는 난소암 수술을 받았다. 마지막 수술이었던 난소암 수술 당시에는 위암이 난소 뿐 아니라 복강 전체에 전이되어 말기 암 상태까지 이르고 말았다. 항암 치료를 시작했으나 위 전체를 절단한 상태라 아내의 고통을 곁에서 지켜보아야만 했던 나의 고통도 말을 할 수가 없었다.

"당시 담당 의사 선생님은 암이 2번, 3번 연속해서 다른 부위에서 발병하는 경우는 거의 없다고 했는데… 그런데 아내는 세 번의 암 수술이라니. 그것도 불과 4년여 만에 받은 수술로 인해 아내의 모습은 차마 볼 수가 없을 정도로 피폐해졌다."

그때 2004년 10월의 어느 날인가. 나는 세 번째 수술을 앞두고 수술실에 들어가기 전에 병실에서 "왜 나에게, 아내에게 이런 일이 일어나는가!" 하며 대성통곡을 할 수밖에 없었다. 정말 믿을 수 없는 현실 앞에, 아내의 힘겹고 고통스러운 연속적인 수술에 나는 참을 수가 없어 꾹 참았던 눈물샘이 터져버렸다. 하지만 아내는 "아픈 나도 가만히 있는데 자기가 그러면 어떡해요."라며 오히려 나를 위로하는 것이다.

더 담담하게 말하는 아내의 모습 앞에 나는 더 이상 울 수가 없었다.

보통의 사람들은 한 번의 암수술도 힘들다고들 한다. 그런데 아내는 암수술을 3번이나 받았으니, 그것도 암이 발생한 이후 단 한 해도 건강하게 삶을 되돌아볼 여유나 여가도 없이 수술하고, 검사받고, 또 수술하고 항생제에 약, 마지막에는 그 고통스러운 항암치료까지… 항암치료가 얼마나 고통스러운지 머리카락이 다 빠져버릴 정도이니 가끔 드라마에도 나오지만 그 상황들을, 그 모든 고통을 아내는 마지막까지 견뎌내어야 했다. 그렇게 아내는 견뎌내어 가는 듯 했다.

아내가 처음 수술할 때부터 암 투병으로 힘들어하고 천국 갈 때까지 암으로 투병하던 4년을 아내 곁에서 떠나지 않았다. 잠시라도, 단 한 번이라도 아내 곁을 떠난 적이 없었다. 아내는 아기처럼 내가 없으면 불안해하고 나를 찾았다. 그렇게 병원에 입원해 있으면 아내 곁에서 자고, 먹고, 집에 있을 때에도 아내 옆에 앉아 밥 나오면 떠 먹여주고 물 갖다 주고, 열 가지가 넘는 약들도 일일이 챙겨 먹이곤 했다.

그 당시 함께 있었던 누님, 충현교회 김순배 권사님은 "동생같이 4년 동안 한 번도 짜증 내거나 화내거나 싫어하는 기색 없이 온 마음 다해 아내의 병간호를 하는 남편이 있다는 말을 들은 적이 없다. 너무나 신기하다."고 말했다.

밤에는 간식을 먹이고 화장실에도 같이 가고 또 소파에 뉘어 주고, 일으켜 주고, 병원 복도나 집에서 운동도 같이하고 그렇게 나와 아내는 함께 암을 투병하였다. 어떤 때는 갑자기 열이 나고 아프면 부둥켜 업고 피눈물을 흘리며 동네 병원으로 응급치료 받기를 수십 번, 수 없이 삼성의료원 응급실로 실려 가던 모습의 아내이다. 한번은 아내가 나에게 "자기가 아프면 내가 정말로 정성을 다해 간병해주겠다." 라고 말했다.

내가 해 줄 수 있는, 나의 작은 몸부림과 정성이 아내의 아픔을 조금이라도 씻어줄 수만 있다면… 하지만 나의 이런 안절부절 못하는 모습과 달리 아내는 오히려 믿음이 더욱더 깊어져만 가는 것이다. 그 어려운 3번의 수술을 겪었는데 얼굴 가득 입술에는 언제나 하나님을 향한 감사의 기도와 찬양의 소리가, 눈과 귀는 항상 기독교 TV에서 선포되는 하나님의 말씀에 경청하고 있는 모습이었다. 아내는 투병 기간 동안 세어보지는 않았지만… 국내

저명하신 목사님의 설교와 간증 테이프를 한 수백, 아니 수천 개쯤은 들었던 것 같다.

"그 아픔 중에도 내가 본 아내의 하루하루 일상은 하나님과 함께하는 모습, 성령 충만한 시간들 그대로였다."

그래서 나는 지금도 이런 아내의 믿음이 놀라울 뿐이다. 어쩌면 아내는 그때에, 이미 하나님의 살아계심과 천국이 있다고 확신한 것 같았다.

2003년도의 어느 날인가. 아내가 두 번째 수술을 받고 난 후에 갑자기 나에게 같이 교회에 나가자고 말을 하는 것이다. 정말 처음이었다. 그동안 아내는 절대로 나에게 강압적으로나 또 그 무엇으로도 교회 가자는 말을 하지 않았었는데, 그 날은 교회에 같이 가자고 말하니 나는 당황할 수밖에 없었지만, 그래도 나는 바로 그러자고 대답했다.

"사실 아내는 그때 하나님이 계심을 확신하고 나를 구원하고자 한 것이다." 아내의 부탁이기에 같이 교회에 나갔고… 그래서 나는 하나님을 만났다. 2003년도가 내가 아내와 함께 처음으로 교회 나간 해이다.

사실, 아내가 교회를 다닌 것은 한 20여 년쯤. 아이들을 키우는 것 때문에 중간에는 교회에 나가지 못했지만 이미 어릴 적부터 미션스쿨인 신명여고를 나오고 또 대학교도 계명대학교를 나왔다.

그리고 신금순 권사님의 도움으로 다시 교회생활을 시작하기도 했다. 신 권사님은 아내의 고등학교와 대학교 친구이자 또한 절실한 믿음을 가진 분이다. 그렇게 아내가 다시 교회를 다녔고, 매 주일마다 교회에 나가기 시작한 아내의 모습은, 정말 예전보다 더 밝아지고 활기차기까지 한 것이다.

교회생활에 정말 성실했다. 그리고 매 주일마다 교회에 나가고 또 그것을 행복해하며 교회에 다녀오면, 은혜를 받아 늘 기쁨과 환희의 얼굴로 들어오는 아내의 모습. 주일날이면 아내는 교회를 다녀오고 온몸과 마음으로 기쁨과 황홀함을 표현하며 심지어는 그 기쁨으로 인해 눈물까지 흘리는 것이었다. 더 신기한 건 내가 이런 아내의 모습을 보는 것이 좋았다는 것이다.

정말 이상하게도 이런 아내의 모습을 보는 나도 즐거웠다. 아니 내가 더 좋아해서 때로는 나도 마치 무엇인가에 전이되는 것처럼, 그것도 한두 번도 아니고 정말 말로 표현할 수 없는 그런 기쁨을 나누곤 했다.

"김 일병!" 아내가 교회 다녀오면 갑자기 나를 김 일병이라 부르는 것이다. 그래도 이렇게 부르는 아내가 좋았다. 아내가 예배를 드리고 집으로 들어오며 찬송을 부르고, 또 좋아가지고 집에 있던 나에게 농담을 하며 "김 일병, 이러쿵저러쿵 하는" 나는 그런 아내의 모습이 귀엽기도 하고 너무도 좋았다.

2) 첫 교회, 첫 설교의 은혜

그렇게 2003년도에 처음으로 나간 교회가 양재동에 있는 '온누리교회'이다. 당시 이사한 집이 도곡동이라 집에서 가까운 곳에 온누리교회가 있었고 아내와 함께 처음으로 나가게 되었다. 나중에 알았지만,

"당시 아내는 나를 하나님께 소개하기를 원했던 것이다."

그리고 아내는 나를 위해, 지난 수 십여 년간 다닌 우림교회를 그만두고 함께 온누리교회로 다니기 시작했다. 온누리교회는 나의 첫 교회이자 또 첫 은혜를 받았던 곳이라 생생하다.

나는 당시에 하나님을 영접하지는 못했지만, 예배에 집중하는 아내의 모습이 너무도 아름다웠다. 특히나 찬양할 때의 아내의 모습은 손뼉을 치며, 머리에서 발끝까지 기쁨이 넘쳐흐르는, 정말 신비롭기까지 하였다.

그리고 처음으로 간 교회에서 예배 중에 하용조 목사님의 설교 말씀이 지금 내가 기억하기로는 요한복음에 나오는 내용인데 "왜 인간이 예수를 믿어야 하나"라는 내용으로, 그중에서도 가장 기억에 남는 것은 "예수님은 성령으로 태어나셨고, 예수님은 죄가 없으신 분이시고, 또 예수님은 살아서 많은 기적을 행하셨다"라는 그런 내용들이었던 것 같다.

신기한 건 아내의 모습이 좋아서 바라보고 있는데 갑자기 하용조 목사님의 목소리가 들리는 것이다. "예수님이 죄가 없는데 죽으셨다고 하는..." 그게 마치 나를 두고 하시는 말씀 같았다. 나를 콕 찍어서, 지칭해서 나에게 하시는 설교처럼 들리는 것이다.

"첫 교회에서 그것도 첫 예배 첫 말씀에 나는 은혜를 받고 말았다. 잘 모르지만 감명까지 받은 것이다." 가슴 속 깊은 곳으로부터의 울리는 알 수 없는 감동. 그 이후부터 나는 아내와 매주 빠지지 않고 온누리교회를 다녔고, 또 아내는 낮 시간에도 순예배를 드릴 정도로 정말 열심히 다녔다.

하지만 아내가 더 이상 교회를 다닐 수가 없는 상황이 오고 말았다.

아내는 3차 수술 이후에는 항암치료로 몸이 쇠약해져서 더 이상 교회에 나갈 수 없는 상태가 된 것이다. 그토록 열정적이던 아내가 교회에 나갈 수 없는 상태이고, 하지만 그래도 나는 혼자서라도 열심히 교회에 나갔다. 정말 열심히, 하용조 목사님의 설교 말씀에 귀 기울이고 또 귀 기울였다. 그리고 그 말씀을 가슴에 새기고, 또 가슴에 새겼다. 또 예배가 끝나고 집에 오면서도 잊지 않으려고 입 밖으로 큰 소리조차 내지 못했다. 길을 걸으면서도 조심하고 또 조심하였다.

마치 깨어지는 그릇을 가슴에 품고 오는 그런 모습이랄까. 그렇게 소중한 것을 품고 집에 오면 아내는 나를 반겨주었고 "오늘은 어떤 말씀을 하셨어요?"라는 눈초리로 바라보는 것이다. 나는 얼른 손을 씻고 아내 옆에 앉아서 "오늘은 요한복음에 나오는 말씀인데... 성경 말씀은 이러이러한데 이에 대해 목사님 설교 말씀이 첫째는 이것이고, 둘째는 이것이고 이렇게 설명하셨어."라고 자세히 이야기했다.

그러면 그저 고개만 끄덕이던 아내였다. 그러나 다음 주 교회 신문에 전 주에 말씀하신 목사님 설교 말씀이 나오면 읽어보고는 "와! 자기가 들려주었던 말과 목사님께서 하신 설교 말씀이 똑같다. 어떻게 이렇게 똑같이 말해줄 수 있었어?"라며 신기해하는 것이다.

정말 그 당시에는 세상에서 가장 즐거운 게 아내에게 내가 들었던 설교 말씀을 다시 들려주는 것이었다.

지금도 즐거운 일은 많이 있지만, 그래도 그때를 생각하면 나는 그때가 더 즐거웠고 매주 교회에 출석하여 예배드리고 찬양하고 설교 말씀 듣는 것이 한없는 기쁨이기도 했다. 내가 아픈 아내를 위해 해줄 수 있는 것이, 그저 그날 목사님이 말씀하신 설교 내용을 전해주는 것 뿐이지만, 그래도 아내가 그것을 듣고 신기해하며 기뻐하던 모습이 정말 좋았다. 나에겐 가장 큰 기쁨이었다.

"사실… 내가 아픈 아내에게 해줄 수 있는 것은 그것이 전부였다."

그리고 지금 생각해보면, 그때 나는 하나님의 말씀을 목사님으로부터 듣고, 또 이를 아내에게 다시 전해주는 선교활동을 했던 것 같다.

3)
병 때문에…
더욱 깊어진 우리의 사랑

아내를 정말 많이 사랑했다.
하지만 우리는 표현이 서로 서툴렀던 것 같다.
서로 사랑을 했지만 나는 아내가 아프고 나서야 이를 깨달았다. 너무도 늦게… 내가 교회에서 간증할 때 "부부끼리 좀 더 서로 사랑합시다." 라고 강조하는 이유도 이 때문이다.

사실 나도 신혼생활 때는 보통 신혼부부하고 별반 다를 게 없었다. 싸우고, 다투고, 토라지고, 그렇다고 폭력을 한다거나 하는 것은 아니었지만, 큰소리도 한 번쯤은 나는 그런 보통의 부부들과 다를 바가 없었다. 다른 부부들처럼 갈등도 있었고 이렇게 말하는 것은 그만큼 특별한 부부가 아니라 보통의 부부생활이었다는 것이다.

하지만 나는 아내를 사랑했고 신혼 때부터 그리고 해를 거듭해 갈수록 그 사랑은 점점 더 깊어졌다. 어쩌면 서로 사랑했다는 것은 알았지만, 진심으로 그 사랑을 확인할 수 없었던 시간들이 아내의 병으로, 이를 확인하는 계기가 되었다. 우리는 그 고통의 시간 속에서 사랑을 확인했고 우리의 사랑이 정말 깊었다는 것을 알았다.

우리 부부는 저녁이 되면, 아내가 침대에 누워서 기도를 하곤 했다. 그러면 나는 침대에 꿇어 앉아서 기도를 듣고, 사실 그동안 아내가 기도하는 목소리를 한 번도 들은 적은 없었지만, 이때부터 나는 아내가 기도하는 소리를 듣기를 좋아했다.

그렇게 아내의 기도를 자주 듣다 보니 기도가 점점 더 발전되고 은혜가 넘치는 것을 느낄 수 있었다. 또 이런 아내의 기도를 듣는 것이 당시에는 나에게 즐거움이었고 기다려지기까지 하는 행복 그 자체였다. 하지만 더 이상 집에서 잠자리에 드는 아내의 그 행복한 기도 소리 조차 들을 수가 없을 만큼 아내의 병세가 점점 악화되고 몸이 허약해져서 아내는 기도조차 하지 못하는 상황이 되고 말았다.

결국 아내는 말을 하기조차 힘든 상황이 오고 말았고 그래서 아내는 내게 기도해주기를 원했다. 사실 내가 생전에 기도라는 것을 해 본 적이 없는데 그런 나에게 기도를 해 달라고 하니... 하긴 해야겠는데, 그래서 뭐 속으로 중얼거렸다.

뭐라고 하긴 하는데 그냥 생각나는 대로 웅얼거리는, 그러면 아내는 "큰소리로"하고 나는 또 큰 소리로 뭐라고 중얼거린 것 같은데... 암튼 어떤 때는 정말 신기하게도, 성령님이 임하셨는지! 내가 생각해도 정말 훌륭한 기도가 나오는 것이다.

나 스스로가 놀랄 정도로... 그러면 아내는 "아멘" 하고 힘차게 대답하는 것이다.
그런데 이런 기도가 계속되는 것은 아니고, 사실 그때 대부분의 기도는 횡성수설이었고 그러면 아내는 그저 조용히 듣기만 했다.

지금에서야 말하지만 사실 그때, 그 당시에, 아내는 내가 얼마나 불쌍해 보였을까? 아내가 왜 그토록 나에게 강하게 기도를 하게 했는지 몰랐는데 이제는 그 의미를 알 수 있을 것만 같다.

"사랑하는 남편은... 아내는 그렇게 나를 불쌍하게 생각했다."

그리고 아내는 나를 위해 기도하기 시작한 것이다.

"내가 죽어서라도 나는 당신을 구원시키겠다."는...

이것이 아내가 나를 바라보며 드린 마지막 기도이다. 그 병중에서도 자신보다 나를 위해서 드린, 아내의 절실한 마지막 기도이자 하나뿐인 아내의 유언이다. 그리고 그 마지막 아내의 기도는 지금까지 나를 움직이는 하나의 힘 같은 것이 되었다.

아내가 얼마나 나를 사랑했는지, 이전에도 조금은 알 것 같았지만 이때부터 나는 아내의 사랑이 얼마나 컸는지 깨달았다. 그리고 죽어서라도 나를 구원하겠다는 그 기도로 인해 나는 많은 축복을 받았고, 또 많은 일들을 할 수 있었다.

내가 기억하는 아내의 마지막 모습이다.

암으로 인해 항암치료까지 받던 그 아픔 속에서도, 그 고통을 이겨내기조차 힘든 그 상황에서도 아내는 나를 사랑했다. 아니 오히려 나보다 더 나를 걱정해주며, 불쌍히 여기며 나를 위해 기도했다.

"아내의 진심 어린 사랑. 진정으로 나를 사랑했던 아내의 모습."

나는 지금도 그런 아내의 모습을 잊을 수가 없다.

4) 아내의 희생과 고통으로 인하여 받은 축복

아내는 세 번째 수술 이후에는 몸조차 움직일 수 없는 상황이 되었다. 그런 아내가 있는 병원을 나는 한순간도 떠나고 싶지 않았다. 병원에서 밥이 나오면 전부 먹여주고 그리고 또 필요한 부분들을 모두 챙겨주고, 그렇게 간병을 하기 시작했다. 그러다가도 내가 곁에 없을 때에 아내는 매우 불안해하며 나를 찾곤 했다.

그런 아내이지만, 병원에 있는 동안에 아내의 표정은 어찌도 그리 밝은지, 누가 보더라도 아픈 사람처럼 보이지가 않는 것이다. 마음과 표정이 정말 평화스러워서, 마치 잠자는 호수같이 고요하기까지 하였다.

그러다가도 그 암 덩어리가 한 번씩 가끔, 고통의 수렁으로 몰아넣곤 할 때에는 아내는 그 고통을 이겨낼 수가 없어서 구르듯이, 온몸으로 고통을 호소하였다.

"한 번씩 용솟음치는 용암... 갑자기 분출하며 뜨겁게 끓어오르는 용암처럼. 그 암 덩어리는 아내의 몸을 이리저리 헤집기 시작했던 것이다."

그럴 때면, 아내는 참을 수 없어서 정말 고통을 이겨낼 수 없어서 울부짖으며 나에게 그것을 만져달라고 호소하며 울었다. 자신이 어떻게 참아낼 수 없을 만큼의 고통이기에 나에게 만져 달라고 하는 것이다.

나는 얼른 아내의 그 암 덩어리 위에 손을 얹었다. 그리고 마치 나의 손이 약손이라도 된 것처럼 온 마음과 정성으로 "내 손이 약손이다. 내 손이 약손이다."하며, 어루만져 주었다. 그 단단한 암 덩어리가 만져지는 듯하고, 나는 온 마음과 정성으로 정말 기도하는 간절한 마음으로 주무르기 시작했다.

그러면 정말 신기하게도 그 순간에 아내의 고통이 이내 사라지곤 하는 것이다. 마치 물에 눈이 녹듯이 아내의 고통도 사르르 사라지며 평온을 되찾곤 했다. 어릴 적, 내가 배가 아프면 아버지도 나의 배를 만져주며 "내 손이 약손이다. 내 손이 약손이다." 하셨던 것처럼, 그러면 내 배도 어느새 거짓말같이 가라앉곤 했던 그 기억처럼, 아내도 내가 문질러주면 정말 그 암 덩어리의 고통이 사라지는 것이었다.

그리고 그 고통의 순간이 엄습해오면, 아내는 속말 같은 작은 목소리로 기도를 드렸다.

"하나님! 이렇게 저에게 큰 고통을 줄 때는… 틀림없이 큰 복을 계획하고 계실 것입니다."

그 당시에는 그 말의 뜻을 잘 이해하지 못했으나, 지금 생각해보면 내가 받고 있는 이 모든 복들이, 우리 아들딸이 받는 복이, 또 나를 통해서 모든 사람들에게 베풀어지는 복들이 모두 아내의 그 고통에서 이루어졌다는 생각이 든다. 그리고 그 고통 속에서 작은 목소리로 부르짖던, 이렇게 큰 고통을 주셨을 때에는 틀림없이 큰 복을 계획하고 계시다는 그 기도 때문에 받는 복들이었다.

"그렇게 받는 복들이… 그래서 나는 더 가슴이 아픈 것이다. 정말 아내의 그 고통으로 인해 내가 이렇게 복을 받고, 베풀고, 누리며 살고 있는데 하는 생각만 하면…"

그리고 아내의 임종이 얼마 남지 않았다는 것을 암시하듯이, 아내의 고통은 점점 더 심해졌다. 아내는 무엇이든지 음식을 먹으면 그대로 토해내고, 설사하고, 아무것도 먹을 수 없는 상황까지 온 것이다. 고통이 너무 심해 집에서는 치료가 불가능해졌고, 결국 아내는 삼성의료원 특실에 입원했다.

병원에 입원한 어느 날인가…

하루는 아내가 "자기야 흰옷 입은 천사 두 명이 와서 내 양쪽 어깨에 앉아 한참을 놀다 가는 것을 보았다."며, 상기된 표정으로 말을 했다. 또 아내는 "꿈속에서 성모마리아도 보고 꽃이 만발한 천국의 아름다운 모습도 보았

다. "며, 다소 흥분한 듯 격양된 목소리로 내게 말을 했다.

그러고는 갑자기 맛있는 것을 준비해 달라고 하는 것이다. 그리고 아들 성우와 딸 지은이를 병원으로 데리고 와 달라고 말하였다. 갑작스러운 아내의 말에 나는 당황할 수밖에 없었다. 이전까지, 아니 바로 저녁까지만 해도 아무것도 먹지 못하던, 아니 먹으면 모두 토하고 설사하던 아내가 갑작스럽게 먹을 것을 사다 달라고 하고, 또 갑자기 아이들을 데려다 달라고 하는 말에 이상하게 생각했다.

나는 급히 아내가 평소에 즐겨 먹던 호박죽을 준비했다. 그리고 또 집에서 준비해온 음식을 꺼내 놓았다. 병원에서 나온 음식까지 이 모든 것들을 병원 침대 상위에 그대로 차렸다. 아들과 딸도 엄마 곁에 모이고, 나도 아내 곁에 앉았다.

아내는 먼저 아들 성우에게 반찬을 밥 위에 얹어 달라 하고는 두 숟가락을 너무도 맛있게 먹는 것이었다. 그리고는 또 딸 지은이가 준 두 숟가락을, 내가 주는 두 숟가락의 음식을 받아먹었다. 평소에 아내는 참 복스럽게 음식을 먹었는데… 그 날도 아내는 그렇게 맛있게 평소처럼 아이들과 내가 준 음식을 다 받아먹은 것이다.

그리고 그 음식들을 성우도 먹고, 지은이도 먹고, 나도 먹고 그렇게 온 가족이 밥 한 그릇과 반찬을 골고루 돌아가며 맛있게 다 먹었다. 온 가족이 모여서 맛있게 먹었던 기쁨과 사랑이 넘치는 온 가족의 식탁이었다.

마치, 최후의 만찬 같은 것이었다.

이것이 아내가 이 세상에 살아있을 때 나와 아들, 딸이 마지막으로 아내에게 엄마에게 바친 음식이었다. 아내는 눈물을 글썽이면서 나와 아들, 딸에게

"아내 구실 못해서 미안해요."
"엄마 구실 못해서 미안하다." 라는 마지막 말을 남겼다.

임종을 앞둔 몇 시간 전에 나는
아내에게 "여보 천국에 가서 보자, 사랑한다."고 말했다.

마지막 기도를 할 때까지 아무 정신도 없던 아내는, 나의 말에 양쪽 눈에서 눈물이 주르륵 흘러내렸다. 내가 진정으로 아내를 사랑하고 또 아내도 나를 진정으로 사랑했다는 것을 우리는 마지막 순간까지 서로가 확인한 것이다.

아내는 그렇게 내 곁을 떠났다.

"내가 죽어서라도 당신을 구원하겠다."는 마지막 유언을 남겨주고 떠난 아내의 마지막 모습.

2005년 6월 2일, 새벽 2시 50분.
그렇게 아내는 이 세상을 떠나 하늘나라로 간 것이다.
아내는 죄인 된 나와 나의 가족들 그리고 이웃을 위하여
자기 십자가를 메고 한 알의 밀알이 되어 죽었다.

그리고 2005년 6월 1일, 12시까지, 아내가 떠나기 전에 중국에 있는 여동생의 마지막 기도를 들었다. 기상 레코드를 보면 알겠지만, 그날까지 비가 오고, 바람이 불고, 천둥·번개까지 치며 마치 세상을 집어삼킬 것 같던 날씨가 6월 2일 새벽에는 거짓말처럼 잠잠해지고 평온해지기까지 하였다. 이 세상을 떠난 아내의 얼굴처럼, 평온하고 발그레 상기된 것 같았던 아내의 마지막 모습처럼 날씨까지 평온해진 것이다.

그때에 최순복 목사님을 비롯하여 그곳에 있던 모두는 아내가 천국에 갔다는 것을 의심하지 않았다. 그것이 아내의 마지막으로, 지금 아내는 고향 청도에 묻혀있다.

그곳은 나의 아버지 어머니가 계신 선산으로 양지바른 곳이다.

엘림교회
최순복 목사님의 증언 I

"엘림교회 김문배 장로님의 믿음의 헌신"

나는 충현교회 (역삼동 소재) 부교역자로 사역 중에 중구 교구를 2번이나 담당을 하게 되었습니다.
당시 충현교회-위임 이종윤 목사님이 2년 마다 담당 교역자가 교체되는데 역삼동을 담당한 후 다시 중구 교구를 맡게 된 것입니다. 그래서 총 6년을 중구 담당 교역자로 사역을 했습니다. 그러던 중에 교구에 김순배 권사님께서 제가 기도하면 너무 은혜를 받는다면서 항상 기뻐하며 무척 저를 좋아하시더군요.
또 기도 부탁을 하시더군요. 그렇게 12년 정도 부교역자 사역을 마치고 하나님의 뜻을 따라 2002년 목사 임직을 받고 교회를 설립하게 되었습니다. 김순배 권사님께서 이종복 권사님과 자주 오셨는데 2003년 어느 날 하루는 상의를 하셨습니다.

"내 동생 처(올케)가 암 수술을 하여 기도해 줄 수 있는 목회자 한 사람을 소개해 달라고 했는데 아무리 기도하고 생각해 봐도 목사님의 기도가 필요한 것 같습니다. 한번 같이 오겠습니다."라며 기도 부탁을 남기고 가셨습니다.

그리고 일주일 후쯤, 김명숙 집사님께서 케이크를 들고 오셨습니다.
많이 초췌한 듯 했지만 그 얼굴빛에는 아름다운 미소가 있었고 지성이 함께 풍기는 부드러움과 온유하신 모습이었습니다. 상담을 하고 기도 후 친정어머니께서 경북 청도에서 오시기로 하셨다면서 돌아가셨습니다.

그날 만남 이후로... 하나님께서는 김명숙 집사님을 내 심령 깊은 곳에 안겨주었고 떠나지 않았습니다. 성령님께서 영상처럼 떠오르게 하시며, 불같은 마음으로 기도하게 하셨습니다. 아무래도 심방을 가야겠다는 생각이 지배적으로 와 닿아서 심방을 갔습니다. 현재의 몸 상태와 남편과 자녀들의 믿음에 대하여 이야기하며 구원받기를 간절히 바란다고 말했습니다.

남편과 아들이 꼭 구원받아야 한다면서... 너무도 간절했습니다.
(당시 딸 지은이는 미국 유학 중에 믿음이 성숙해 가고 있었음)

◈ 찬송가 250장 "구주의 십자가 보혈로 죄 씻음 받기를 원하네
   내 죄를 씻으신 주 이름 찬송합시다.
◈ 성경(말씀) 요한복음1:12-14절 로마서8:2 말씀으로 예배를 마친
   후 돌아왔습니다.
◈ 요 1:12 영접하는 자 곧 그 이름을 믿는 자들에게는 하나님의
   자녀가 되는 권세를 주셨으니,

◆ 요 1:13 이는 혈통으로나 육정으로나 사람의 뜻으로 나지 아니하고 오직 하나님께로부터 난 자들이니라.
◆ 요 1:14 말씀이 육신이 되어 우리 가운데 거하시매 우리가 그의 영광을 보니 아버지의 독생자의 영광이요 은혜와 진리가 충만하더라.
◆ 롬 8:2 이는 그리스도 예수 안에 있는 생명의 성령의 법이 죄와 사망의 법에서 너를 해방하였음이라.

은혜를 너무 사모하여 매주 예배를 함께 드리며 기도했습니다.

병든 몸에서 고침을 받고 일어나고 온 가족이 거듭나서 성령 충만하며 함께 예배 가며 온 집에 찬송이 넘치기를 간절히 소망했습니다. 그런데, 몸에 고통은 심해져 갔습니다. 주일 예배를 나갈 수 없는 상태가 되고 너무 괴로워했습니다. 그래서 토요일이든 월요일이든 매주 예배를 드리기로 하고 매주 예배를 드렸습니다.

집사님의 건강은 점점 악화 되어져 갔고 항암치료의 고통을 얼마나 힘들어 하셨는지 마음이 무너지고 찢어지는 듯 아팠습니다. 눈물로 기도하지 않을 수 없었습니다. 그런 고통 중에서도 교회 강대상을 물어보시며 하나님께 바치겠다고 헌금을 하셨습니다. 그리고선 "목사님! 사실 그동안 봉사 한 것이 별로 없는데 하나님 고쳐 주시면 제가 엘림교회에 가서 죽도록 충성하겠습니다."라고 말했다. 심령 깊은 곳에서 예수님을 사랑하는 순전한 믿음의 고백임을 알 수 있었습니다.

그 후 입원하고 퇴원하고, 몇 차례 반복하며 육체의 고통은 심해져 가는데도 믿음은 더욱 충만해져 갔습니다.

지금 생각하니… 집에서 드리는 마지막 예배였습니다.

말씀을 증거하고 집사님은 소파에 누워있고(너무 쇠약해졌음) 나는 바닥에 꿇어앉아서 집사님 몸을 붙잡고 기도하는데 예수님께서 집사님을 안고 계시면서 "안고 기도해라."라고 너무도 분명한 모습과 음성이었습니다. 저도 모르게 부둥켜안고 기도했습니다.

며칠 후 삼성병원에 입원을 하고 나는 찬양으로 위로하고자 동생 최둘복 권사님과 함께 병원으로 심방을 갔습니다. 천국으로 입성을 가족들에게 준비를 시켜야 하는데 충격받을 것을 생각하니 마음이 무거웠습니다.

남편 김문배 장로(현재)님은 너무도 아내를 사랑하며 곁에서 아껴 주고 세상의 모든 것을 다 동원해서라도 어떻게 해서라도 반드시 아내를 고쳐 주려고 얼마나 결사적이고 간절한지 말을 할 수가 없었습니다. 수많은 가정들을 심방해 봤지만, 병상에 있는 아내를 위한 남다른 사랑과 헌신에 가슴이 뭉클했습니다.

그 모습에 나는 기도 중에 응답받은 하나님의 뜻을 전하기에 너무 가슴이 떨려 전할 수가 없어서 계속 기도하고 있었습니다. 그러던 때에 마침 미국 코넬대학교에 유학 중에 있던 딸 지은이가 귀국을 했습니다. 하나님께서는 저에게 동역자로 세우셨습니다. 지은이에게 "아버지께 엄마가 천국 가서 저 고통에서 벗어나 눈물도 아픔도 고통 없이 살게 될 것을 말씀드리라."고 자꾸 자꾸 말씀드리라고 했더니, 눈물이 핑 돌더니 담대한 믿음으로 말씀드리고 또 말씀드리더군요.

어느 날 오후에 병원으로 또 심방을 갔습니다. 집사님 혼자 병실에 있길 원하셔서 모두 밖에 있고 김명숙 집사님 혼자 병실에 있었습니다.

◆ 찬송가 252장 나의 죄를 씻기는 예수의 피 밖에 없네
　보혈 찬송을 계속 불렀습니다. 손을 잡고 몇 번이고 불렀습니다.
◆ 말씀은 히9장 23-28
　죄 없으신 우리 예수님께서 단번에 제물이 되어 주심으로

십자가의 공로로 예수님을 믿는 자에게는 죄 사함을 받고 구원을 주신 은혜- 그리스도의 희생으로 이루어진 속죄에 대하여 증거 하였습니다.

집사님은 "나를 고쳐 주시면 엘림교회에 가서 죽도록 충성하려 했는데…" 라며 이 땅 위에 모든 것을 놓아 버리고 천국을 환히 보는 듯 하였습니다. 천국이 환히 보이는 모습이었습니다. 얼굴에 감도는 빛은 떠오르는 태양 빛 같기도 했고 황홀한 석양 빛 같기도 했으며 아주 맑고 순수하게 비추어 지는 천국의 광채였습니다.

그때부터 집사님은 투병의 고통은 완전히 사라지고 평안해졌습니다.

"목사님! 감사합니다."를 아주 또렷하게 이어서 천천히 몇 번을 거듭거듭 말했습니다. 병실 문을 나올 때까지 침대에서 옆으로 누워 바라보면서 손을 흔들며 밝은 미소로 인사를 남겼습니다.

성도의 죽음은 얼마나 귀한지 모릅니다.

그것은 죽음이, 죽음이 아니기 때문입니다.

영혼은 낙원(천국)으로 가고 우리 주님 재림에 날 부활의 몸으로 다시 살아나기 때문입니다. 또 구원의 확신과 감격 속에서 세상을 떠나 천국 입성 할 때 사랑하는 가족과 주변 모든 사람들에게 믿음의 큰 유익을 주며 위로가 되기 때문입니다.

인간적으로 보면 그토록 아끼고 사랑하며 능력까지 갖추신 남편(김문배 장로님) 아들 성우, 딸 지은이를 두고 부러울 것이 아쉬운 것이 없이 다 가졌는데 어떻게 떠나고 싶겠습니까!!! 세상에 모든 사람들이 다 부러워할 수밖에 없는 가정의 행복을 남겨 놓고 이제 행복할 일만 남은 인생을 두고 간다는 것은 인간적으로는 말로 다 할 수 없는, 아쉽고 억울하며 더 살고 싶어 하지 않을 사람이 어디 있겠습니까.

그렇지만, 하나님의 부르심이 임박했음을 알고 모든 것을 놓는 모습이 너무도 아름다웠습니다. 2005년 6월 2일 첫 새벽이었습니다. 나는 아무도 깨우지 않았는데 벌떡 일어나게 되었고, 일어나는 순간 2:44라는 전자시계에 시간 숫자가 너무도 크고 환하게 입체적으로 어둠을 뚫고 눈에 와 닿았습니다.

순간 "우리 하나님께서 우리 집사님 불러 가시는구나."라는 말이 입에서 그냥 나왔습니다. 눈을 감고 기도하고 있으니까 전화벨이 울리고 집사님 천국 가셨다는 연락이 왔습니다. 입관 예배, 발인, 하관예배, 장례식 때 장로님은 휘청하며 남들이 알 수 없는 그 깊은 눈물을 흘리며 슬퍼하셨습니다. 배우자를 먼저 보내 보지 않고는 그 심정을 절대로 그 누구도 알 수 없습니다.

흐르는 그 눈물 속에는 세상에서 가장 소중했던 아내를 하나님 품으로 돌려보내며 또 세상 속한 모든 것을 다 놓아버리고 예수님께로 나아가는 회개의 눈물로 성령의 감화의 역사가 함께함을 느낄 수 있었습니다.

장례식을 마치고 돌아온 후 교회 강대상 앞에 엎드려 집중적으로 기도하기 시작했습니다. 깊은 충격 속에 계실 장로님께 전화도 할 수 없었습니다. 무슨 위로를 한다는 것이 용기가 나지 않았습니다. 날마다 곁에 있던 아내가 당연히 있어야 할 아내가 없어져 버렸다는 것... 누가 그 심정을 알 수 있겠습니까?

영원히 얼굴을 볼 수 없다는 것이... 바람이 폐부를 그냥 강타하는 것 같으실 텐데 얼마나 멍하고 허망하며 그 텅 빈 마음은 호흡이 멎어 버릴 것 같을 그 심정을 누구보다도 알기 때문이었습니다. 하나님은 왜 내 아내를 고쳐주지 않고 불러 가셨습니까? 반문하며 그런 하나님 나 못 믿겠습니다. 라는, 혹시라도 하나님을 향한 원망과 분노가 있으면 어떻게 하지? 하는... 가슴이 떨려서 기도 밖에 아무것도 할 수가 없었습니다.

예수님의 십자가 생명의 희생으로 우리에게 새 생명이 주어졌듯이 하나님의 일에는 헌신과 희생이 반드시 따르며, 생명의 희생 뒤에는 생명의 축복과 큰 사명의 축복이 있음을 바라보며 하나님의 이끄심을 기다릴 수밖에 없었습니다. 분명히 하나님께서 향하신 복음의 놀라운 역사가 반드시 감추어져 있기 때문이었습니다. 또 성령님의 위로 하심 외는 그 누구의 위로도 위로가 되지 않기 때문이었습니다.

시간은 아무 일도 없는 듯이 하루가 가고 또 하루가 가고 지났습니다.
그러던 어느 날 김명숙 집사님께서 환한 미소로 보여주고서는 강대상 십자가 위로 시공간을 초월하여 지나갔습니다. 이 환상 후 하나님은 연락할 수 있는 마음과 용기를 주었습니다.
얼마 후, 장로님을 만나 뵐 수 있었습니다. 그런데 장로님의 마음에는 하나님을 향한 그 어떤 원망이나 불평, 푸념조차도 없었습니다. 이미 하나님의 말씀 속으로 들어가 계셨습니다. 온 마음과 정신이 말씀에 사로잡혀 있었습니다.

너무 감사했습니다. 아주 기뻤습니다.
그리고 내 아내를 천국가게 해 주셔서 너무 감사하다 하시면서 십일조 헌금을 바쳤습니다.

하나님께서는 역시! 하나님의 뜻을 이루시기 위하여 앞서 일하셨습니다.

5) 심령이 가난한 자는 복이 있나니

아내가 이 세상을 떠난 지 3일 후에, 나는 아내가 없는 하룻밤을 서울에서 보냈다.

그러나 이튿날 나는 눈을 뜰 수가 없었다.
아내가 보고 싶어서 이 방 저 방을 헤매다니고 그리고 또 화장실 가서는 통곡도 해 보았지만, 그러나 아픈 마음을 진정시킬 수가 없었다. 또 아내가 있을 때와 달리, 아내가 없는 그 빈자리에서 축 처져 있는 아들의 어깨와 힘없는 표정을 볼 수가 없었다. 그것을 바라보기가 나에겐 너무도 견디기 힘든 고통이었다.

그리고 그 날. 병원에서 힘없이 미소 짓던 아내의 모습도 자꾸만 떠오르기 시작했다. 그래도 아내가 병원에 있을 때는 내가 아침에 가면 인사를 건네곤 했는데…

아침이면 "어떻게 저녁에는 잘 잤어?"하고 물어보고, 그러면 아내는 "응! 잘 잤어. 너무 잘 자서 오늘 아침에는 내가 아프다는 것도 모를 정도였어."라고 말하는 것이다.

또 어떤 날에는,

"내가 하나도 안 아픈 줄 알았는데 내 몸에 있는 상처를 만져보고 놀라기도 했어."라고 하였었다. 그 모습이 자꾸만 생각이 났다.

아내는 정말 살기를 원했었다.

"아버지 하나님 저를 2년만 건강한 몸으로 살게 해 주십시오. 하나님께서는 히스기야의 기도 소리를 듣고 15년간 생명을 연장시켜 주지 않으셨습니까. 2년이 길면 1년 만이라도 온전한 삶을 살게 해 주십시오. 이 1년 동안 나와 같은 말기 암 환자를 간병하고 또 주님의 말씀을 전도하겠습니다. 하나님으로부터 받은 은혜가 너무 많아 조금이라도 보답하고 하나님 곁에 가겠습니다."

이처럼 간절한 기도를 드리며 그토록 살기를 원했는데…

자식들도 건강하고 훌륭하게 키워놓고, 남편의 살가운 사랑을 통해 부부간의 사랑도 다 확인했고, 그리고 하나님께서 물질의 축복을 풍성히 주셔서 평생 힘들게 일을 안 해도 먹고 살만큼 재물도 주셨고, 정말 열심히 살아서 이루어 놓았는데… 그런 상태에서 아내는 이 세상을 떠나고 말았다.

그리고 아내는 남편인 나를 무척이나 자랑스러워하며 좋아했다. 그래서 친구들은 "남편 아까워서 죽지 못하겠다."는 말까지 할 정도였다. 그렇게 친구들에게, 이웃에게, 일가친척들에게 내 자랑을 그렇게 많이도 하곤 했는데, 그런 아내가 훌쩍 떠나 버린 것이다.

그 생각만 하면, 그리고 너무도 살고 싶어 하며 기도하며 울부짖던 아내의 모습을 생각하면, 나는 도저히 눈을 뜰 수가 없었다. 눈을 뜨면 그런 아내의 모습이 안타까워서, 또 아내가 세상을 떠나던 날부터 애절하게 보고 싶어 했던 나의 사모의 정과, 그리고 삼성의료원에서 병원 치료만 의존했던, 그 치료 외에는 다른 방법을 찾지 못했던 어리석음, 그런 후회까지 들면서 아침이 되었지만 눈을 뜨기가 싫었다. 아니 뜰 수가 없었다.

"정말 방법이 없었을까. 좋은 병원, 좋은 의사, 좋은 약, 좋은 병실, 나는 이것으로 다 했다는 안일한 생각에 다른 처방도 알아보지 않았고, 또 미국에 좋은 병원 한번 가보지도 못했는데... 하는 생각이 머리에서 떠나질 않았다."

"왜 금식하고 통곡하며 하나님께 아내 병 낫게 해달라고 애통하게 기도 한 번 못했을까... 하는 후회만 들었다."

그때부터 나는 말을 잃었다. 아니 말할 수가 없었다.

보고 싶은 애통한 마음과 뼈에 사무치는 후회로 나는 정말 아무것도 할 수가 없었다. 먹지도, 자지도, 누굴 만나는 것도 싫었다. 전화를 걸 수도 받을 수도, 천길만길 낭떠러지에 떨어진 상태로 몇 날 며칠을 그렇게 보냈다. 나도 그 어느 누구도 말하지 않았고 나에게 말조차 걸어오는 사람도 없었다.

"아! 이래서 나도 아내 길을 쫓아 가는구나."

그런 생각이 들었다. 몸은 점점 여위어져 가고, 얼굴에는 3~4일 동안 이상한 부스럼까지 나기 시작했다. "부부금실이 좋은 사람은, 한 사람이 먼저 떠나면 남은 사람이 그리움을 참지 못해 뒤따라간다고 하던데…"
그래서 나에게도 이런 것들이 오는구나!

이런 생각을 하니, 오히려 마음이 편안해지는 것이었다.

"심령이 가난한 자는 복이 있나니 천국이 저희 것임이요
애통하는 자는 복이 있나니 저희가 위로를 받을 것임이요
청결한 자는 복이 있나니 저희가 하나님을 만날 것임이요
(마태복음 5:3~5)"

그때에 나는 하나님을 만났다. 아니 하나님이 나를 찾아오신 것이다. 갑자기 눈에 성경책이 띄었다. 그리고 성경책을 읽기 시작했다.

"그전에 성경하면 기억하는 것은 그저, 누가 누구를 낳고, 또 누가 몇 살에 죽고 낳고 죽은 것만 쭈욱… 그래서 나는 성경은 어디 사람 낳고 죽는 것만 적어놓은 것인가? 하는 생각만 들고 그 외에 다른 것은 기억하는 것이 없었다."

그리고 그 날부터 나는 창세기부터 읽기 시작했다. 한 번 읽을 때마다 여러 수십 장을 한꺼번에 읽기도 하였다. 그런데 신기하게도 그때부터 성경 속의 그 많은 내용들이 다 이해가 되고, 머리에도 가슴에도 그대로 꽂히는 것이었다. 마치, 스펀지 속으로 물이 빨려 들어가는 것 같은 그런 느낌이었다.

또 어떤 때는 성경이 너무나 재미있어서, 정말 아까워서, 덮어 놓고는 얼른 베란다에 가서 담배 하나 피우고 와서 다시 읽기도 하였다.

"왜, 우리가 너무 재미있는 거 있으면 그러지 않습니까! 아끼는 거 우리가 어릴 적에는 소고깃국이 최고였는데, 이 소고깃국을 먹을 때 제일 먼저 국물만 먹고 고기는 아껴 두었다가 뒤에 먹는 그런 마음이었다."

그래서 아껴서 읽고 또 읽고, 성경을 읽을 동안에는 내 마음에 고통이나 슬픔이나, 애통함이 하나도 남김없이 없어지는 것을 느꼈다. 근 일 년 동안 나는 성경 구약, 신약 66권을 4번 통독했다. 한 줄도 빠뜨리지 않고 신약은 6번 통독하였다.

며칠 후에는 또 찬송을 부르기 시작했다.
그 당시에 내가 아는 찬송가는 세 곡 정도였는데. 두 곡은 아마도 대부분 사람들도 잘 아는 "내~주를 가까이하게 함은"이고 그리고 또 하나는 "구주의 십자가 보혈로"이다. 이 두 곡은 내가 예수님을 믿기 전에도 귀에 익어서 잘 알고 있었던 것으로, 우리 또래에서는 이미자의 '동백 아가씨'를 모르면 몰랐지 이 노래는 알고 있었다.

그리고 특별한 곡 하나를 더 알고 있다.

"주의 말씀~~ 받은 그 날~~
참 기쁘고 복 되도다~~
이 기쁜 맘 못 이겨서 온 세상에 전하노라~
기쁜 날 기쁜 날 주 나의 죄 다 씻은 날"

아마도 다 아는 노래 일 텐데, 처음 주님을 영접했을 때의 기쁨을 노래한 곡이다. 사실 이 곡은, 지금 우림교회 다니시는 신금순 권사님이 아내가 가장 좋아하는 찬송이라 말해주었다. 이 찬송을 부르면서 비로소 나는, 아내의 그 때 구원 받았을 때의 그 기쁜 마음을 이해할 수 있을 것만 같았다.

그 날부터 나는 그렇게 성경 읽고, 찬송하고 하는 그런 생활을 했다. 앉아 있거나 서 있거나, 길을 걸을 때도 차를 탔을 때도 나는 찬송가를 부르기 시작했다. 찬송가를 부를 때는 아내에 대한, 보고 싶은 마음도 한순간 사라지는 것이다.

그리고 한 열흘이나 보름쯤 되었을까?

그 날은 아침에 자고 일어나서 누가 시키지도 않았는데, 나도 모르게 기도하기 시작하는 것이었다. 아침 6시부터 7시까지 기도하고 찬양하게 된 것이다.

그 때 내가 했던 기도 제목은 딱 하나로 *"아버지 하나님. 사랑하는 제 아내*

가 고통 없는 하나님 나라로 간 것을 내가 믿고 있지만, 제발 꿈속이라도 그 것을 확인하게 해 주십시오."라는 기도였다.

인간적인 모습이랄까.

아내가 천국을 갔다고 믿고는 있었는데도, 그토록 아파했던 아내의 그 모습이 눈에 생생하여 간곡히 기도한 것이다. 그리고 만에 하나라도 인간적인 생각으로, 세상을 떠난 아내가 저승에서 이러면 어떡하지? 저러면 어떡하지? 하는 그런 우려와 나약한 믿음 때문에 그래서 나는 도마가 부활하신 예수님의 못 자국을 확인한 것처럼 나도 하나님을 통해, 천국에서 하나님과 동행하고 있는 아내의 모습을 꿈에서라도 확인하고 싶었던 것이다.

6) 천사의 모습으로 나타난 나의 아내

성경을 읽고, 찬송을 부르고, 그리고 또 기도를 드리기 시작하던 어느 날, 그러니까 아내가 죽은 지 꼭 4개월하고 12일 정도 된 2005년 10월 14일 이었다.

그날도 나는 바깥에서 일을 보고 들어와 저녁을 먹고, 성경을 읽고 그리고 잠시 9시 뉴스를 보다가 잠이 들었다. 그리고 꿈을 꾸게 되었는데 그 꿈에서도 나는 바깥에서 일을 보고 저녁에 들어왔다.

집은 지금 살고 있는 집이고 시대 배경이 아마 아기가 없던 신혼 때 같았다. 아내는 안방에 누워있고 부엌에는 여자 두 분이 있었는데 꿈에서는 여자의 신원은 정확히 알 수 없었지만, 아마 충현교회 권사로 계신 누님과 집에 거주하면서 가사 일을 돌보는 가사도우미였을 것이다. 그렇듯 두 분은 언제나 생전에 아내가 아플 때 집에 있었다.

나는 두 여인에게 "숙이 어디 아프냐? 머리에 열이 난다."고 하였다. 숙이는 아내 이름 끝 자로 죽을 때까지 그렇게 이름을 불렀다. 그러자 조금 이따 아내가 안방에서 나왔는데 아주 파란 저고리를 입었다. 그 파란색은 가을날 뭉게구름 사이에 비치는 옥취 빛 파란 가을 하늘 그 색이랄까, 너무도 아름다운 순청색 바탕에 아주 부드럽고 좋은 질감에 파란 저고리를 입고, 까만 머리가 허리까지 내려왔다.

머리카락 한 올 한 올이 내 눈에 그대로 들어왔다. 그리고 얼굴 옆모습, 볼그스레하게 상기된 얼굴에 이마와 코와 입술의 선이 완연하고 흠결 없는 얼굴의 그 옆모습이 정말 상상도 안 될 만큼 너무나 아름다웠다. 아름다움 그 자체였다.

그렇게 내 눈에 비친 아름다움은 외국 30여 개국을 다니면서 예쁘다고 생각되는 세계의 여자들은 다 보았다. 하지만 내가 보았던, 볼 수 있었던 그 어떤 여자보다도, 일반적으로 우리가 머릿속에 상상할 수 있는 그 어떤 여자보다도 아름다운 자태와 고귀한 모습은 정말 신비로운 하늘의 비밀 한 부분을 하나님이 나에게 보여주신 것이었다.

아름다움. 그토록 아름다운 모습으로 내 눈높이에서 약 15도 각도로 미동도 하지 않고 공중을 사르르 날아가고 있었다. 내 시선에 비친 아내의 모습이 있던 뒤 배경은 아주 검은 바탕인데 아내의 그 파란 저고리와 까만 머리카락 그리고 홍조 띤 그 옆모습이 하나도 흐트러지지 않고 내 눈 속에 그대로 확대되어 온전한 자태로 3~4m 쯤 날아갔다. 나는 그 꿈속에서 워~~ 세상에! 깜짝 놀라 이럴 수가… 어, 어 하며 뒷걸음질 치다 꿈에서 깨어났다.

"아~ 천사가 되었구나!" "아, 이게 바로 영체구나."

내가 꿈을 꾸고 나서 처음 느낀 생각이다.
나는 제일 먼저 장모님께 전화를 드렸다.

"숙이, 천사 됐습니다."

장모님은 자다가 말고 내 전화를 받고는 "좋은 이야기지, 좋은 이야기지." "숙이가 좋게 되었다는 말이지." 하시는 것이다. 아마도 그 때에 장모님은 나의 말을 완전히 이해하지 못하셨던 것 같다.

그렇게 장모님과 통화한 이후에야 나도 잠이 들었다.

7) 완전한 자유로움

꿈을 꾼 그 다음 날은 완전히 새로운 세상이었다.

나의 어깨를 눌러왔던 모든 죄와 고민, 그리고 애통함은 어디론가 사라져 버리고 몸이 완전한 자유 그대로였다. 마치 무거운 짐을 진 나무꾼이 지게를 내려놓았을 때처럼 내 마음과 몸은 가을날 산들바람에 나부끼는 깃털같이 가볍고 상쾌했다. 그리고 가슴 한가운데로부터 샘물같이 솟아오르는 기쁨과 즐거움을 억제할 수 없었다.

"내 영혼이 은총 입어 중한 죄 짐 벗고 보니
슬픔 많은 이 세상도 천국으로 화 하도다.
할렐루야~ 찬양하세. 내 모든 죄 사함 받고
주 예수와 동행하니 그 어디나 하늘나라~"

아내를 먼저 보내고 애통해 했던 나에게 하나님은 여러 수백, 수천 가지의 기쁨을 주신 것이다. 그 이후부터 나는 아내가 천사가 되었다는 그 기쁨을, 그 아름다운 환상을 나 혼자만 간직할 수 없었다.

그리고 다음 날부터 나는, 아내의 학교친구, 교회친구, 우리 집안의 가족들, 나의 친구를 비롯해 심지어 그때 동창회 회장으로 있던 그 동창회 송년회에서도 또 포스코 간부 연말 모임 때에도 그 이야기를 마구 하기 시작했다. 심지어 사람들을 그룹별로 다 초대해서, 점심과 저녁을 대접하며 성령체험한 이야기를 하곤 하였다.

"그때는 정말 말을 하지 않고서는 견딜 수가 없었기 때문이다."

이것은 지금도 마찬가지이다. 벌써 10년이 다 되었건만 만나는 사람마다 꿈 얘기를 하지 않고는 배길 수가 없었다. 또 내 이야기를 듣고 모두들 감동을 받곤 했다.

성경에 "성령을 입은 자는 즉시 그것을 선포하라."고 하셨는데, 그리고 "이스라엘과 온 유다와 사마리아 땅끝까지 하나님 말씀을 증거 하라." 하셨는데, 내가 꼭 그렇게 하였다. 내가 하고 싶어서가 아니라 하나님이 그렇게 인도하셨고 나는 하나님 말씀대로 그대로 순종했던 것이다. 내가 지금까지 말한 것은 내 몸속에 계시는 성령 하나님께서 이끄심으로 나의 입술을 통해 여러 사람들에게 전달하는 것이다.

그리고 내 아내가 왜 파란색을 입었을까? 나는 또 그것에 대해서도 생각해 보았다.

보통 천사라고 하면 흰옷 입은 천사 또는 요한계시록을 보더라도 흰옷 입은 천사가 나오는데, 심지어 백의의 천사라고 왜 병원에서 간호원 들도 흰옷을 입고 그러는데… 수간호사라서 그런가? 하는 생각도 들었다.

그러다 어떤 이가 성모마리아의 옷이 파란색이라고 말해주는 것이었다. 천주교 성당을 다니시는 분이었는데 그분이 성모마리아의 옷이 꼭 하늘색이라면서, 그러니 꼭 한 번 알아보라는 것이다.

그러고 나서 얼마 있다가, 나는 그 파란색의 비밀을 알게 되었다.

언젠가 CBS 기독교 방송에서 어떤 목사님이 '레위기'에 대한 설교를 하고 계셨는데 법궤를 옮길 때에 대한 규례로, 그분이 하신 말씀이 "지성소의 법계를 다른 곳으로 옮길 때 이런, 저런 식으로 포장을 하고 그리고 제일 마지막에 파란색 천으로 싼다."고 말하는 것이다.

"법궤는 잘 알다시피 증거궤 혹은 언약궤라고도 한다. 이 속에서는 만나, 아론의 싹난 지팡이, 십계명을 적은 돌판 2개가 있는 여호와의 임재를 상징한다는 것이다. 그 법궤를 옮길 때 맨 먼저 그 위에 휘장을 덮고 다음에 해달의 가죽을 덮고 또 그 위에 마지막으로 순청색 보자기로 싼다고 하였다."

바로 순청색은 순수한 파란색으로, 하늘나라의 색이며 그 파란색은 하나님의 거룩함과 영광의 상징이라는 것이다. 나의 꿈속에서 내 아내는 하나님의 영광과 거룩함으로 나에게 나타난 것이다.

"틀림없이 아내는 천국에서도 하나님 가까이에서 세상에서 나누고 베푸는 일들을 수행하는 상당히 높은 천사가 되었다. 천사 중의 천사가 되어서… 그것도 아마 가브리엘 천사 수준 정도로 말이다."

2015년 초 어느 날 아내가 꿈속에 나타나 구경 가자고 했다. 우리가 구경 갈 곳을 꿈속에서 보여주었다. 나무로 된 큰 대궐이었는데, 성벽이 하늘에 병풍같이 길게 그리고 높게 둘러져 있었고 그 속에서 황금색 빛이 마치 겨울날 이른 아침 햇살이 문풍지 사이로 비치듯, 어두운 밤에 수십만, 수백만 개의 전등이 하늘을 향해 빛을 발하듯 그런 모양으로 온 하늘을 뒤덮고 있었다. 아내가 먹을 것을 사자고 하여 가게에 들어갔는데 신기하게도 물건들이 전부 하늘에서 내려온 밧줄 같은 것에 매달려 있었다. 아내는 아름답고 날렵했다. 수십 미터 앞에서 순간적으로 나타났다 사라지고, 또 나타났다 사라지고 이런 식으로 나에게 길을 인도하였다. 평평한 산으로 난 아름다운 길을 열심히 따라가다 두 갈래 난 길에서 아내는 사라졌다. 나도 꿈에서 깨어났다. 보여준 그곳이 천국임을 직감했다. 나는 거의 꿈을 꾸지 않고 꾸어도 도무지 기억하지 못하는데 그러나 이 꿈은 지금도 기억이 선명하다.

8) 아내 대신 해야 할 일들

아내가 죽기 전에 나에게 남긴 마지막 유언은…

"*내가 죽어서라도 당신을 구원하겠다.*"라는 말뿐이었다.

이 말 이외에는 다른 어떤 유언도 하지 않았다. 아내가 갖고 있던 통장이나 부동산 서류라든지 이런 것들은 나한테 다 인계를 하면서도 다른 그 어떤 말도 하지 않은 것이다. 또 나도 굳이 그런 것을 물어보아야 하나? 하는 생각에 물어보지도 않았다.

아내는 그만큼 남편인 나를 신뢰하고 있었다. 나를 믿고, 나를 신뢰하고, 그리고 사랑하기 때문에 그 모든 것들에 대해 나에게 일임했을 것이라 생각했다. 사랑했다면서 재산 때문에 싸우는 요즘을 보면… 뭐 나도 아내도 그런 점에서는 서로 신뢰하고 믿었던 것 같다.

그리고 나는 가만히 생각해 보았다.

아무리 아내가 그랬다고 하더라도, 천국에 가 있는 아내도 분명히 이 세상에서의 미련과 아쉬움으로 분명 원하는 것이 있었을 텐데 하는 생각이 들었다. 아내의 입장에서 말을 하지는 않았지만, 이런 것은 이렇게 처리해 주었으면 하지 않았을까 하는, 그리고 평소 살아 있을때에 혹시라도 조금이라도 서운하게 생각한 것은 없었을까 하는 그것도 생각했다.

"그래도 하나뿐인 남편이라고 믿고 있을 텐데…
그러고 나니 몇 가지 생각나는 것들이 있었다."

먼저 아내는 내가 구원받기를 원했다.
나는 확실히 말 하건대 "*하나님께서 제게 성령님을 주셔서 특별히 구원 시켜 주셨다.*" 그것은 아내가 가장 원했던 것이고 마지막까지 기도드렸던 것이기도 하기에 아내의 유언이 이루어진 것이다.

다음으로 아내의 친정 부모님과 동생들이 떠올랐다.
아내는 아들 없는 집에 딸만 넷인 집안의 장녀로 태어났다.
애지중지하던 큰딸을 먼저 보낸 장인, 장모님의 마음과 그토록 좋아하고 의지했던 언니를 먼저 보낸 처제들이 안타까웠다.

"딸만 있는 집의 장녀의 남편, 그러면 장남의 역할을 내가 해 주어야 하지 않을까?" 하는 생각이 들었다. 아내는 살아생전에 친정 부모나 동생들에게 잘살면서도 특별하게 나 모르게 그렇게 잘 챙겨주는 것을 보지 못했다는 생각이 들었다. 신혼 초 아직 기반이 잡히기 전에 아내는, 장모님이 올라 오시면 내가 장모님 드리라고 한 20만 원을 주면, 10만 원은 자기 주머니로 넣고 나머지 10만 원만 드리던 것이 생각났다.

보통의 여자 같으면 그 돈 20만 원에 오히려 자기 돈 80만 원을 보태 100만 원을 만들어 줄 텐데... 그래서 덧없고 부질없는 줄은 알지만, 그래도 혹시나 그것이 돌이켜보면 살았을 때에 섭섭하지 않았을까 하는 생각도 들었다.

이런 생각이 들자 나는 바로 통장 3개를 준비하여 처가로 내려갔다.

그리고 처부모와 처제들을 불러 모아놓고 "장모님, 그리고 처제들, 이 돈은 제가 드리는 것이 아니라 아내가 생전에 부모와 동생들에게 준 돈이라 생각하고 받으십시오."라고 말하며 통장을 건네주었다.

장인과 장모님께는 1억 원이든 통장 하나, 처제 둘에게는 각각 5천만 원이든 통장 하나씩을 건넸다. 밝히기는 뭐 하지만, 장모님이나 장인 두 분이 알뜰히 살면 아마도 한평생 먹고살 수 있는 그런 액수이지 않을까? 그리고 또 처제들에게도 시골에서는 그래도 제법 큰 목돈이니 뭐라도 할 수 있지 않을까 하는 생각에서였다.

또 나는 장모님과 장인께 "아내가 없으니 이제 나를 아들같이 생각하세요. 지금부터는 내가 아들이며 처제들의 오빠이니 내가 아들로서 또 오빠로서 그 역할을 다하겠다. 어려운 일이나 무슨 일 있으면 무엇이든지 나와 상의하자."고 말해주었다. 밝히기는 뭐 하지만, 큰 처제는 경북 청도에서 그래도 제법 큰 해물탕집을 개업할 수 있도록 밑천을 대주었다. 그리고 장인과 막내 처제는 아직까지도 매달 보살피고 있으며, 처가식구들과 각별하게 지내고 있다.

그다음으로 아들, 딸에 대해서도 생각해 보았다. 아내는 아들과 딸을 너무도 많이 사랑했기에 내 아들과 딸의 앞날에 대해서 걱정했을 것이다.

이 자리에서 우리 아들과 딸을 소개하자면, 나의 아들은 서울 외대를 졸업하고 연세대 대학원 경영학과를 졸업했다. 특히 영어, 일어 같은 외국어에 뛰어나 현재는 내가 경영하고 있는 무역회사에서 10년째 근무하고 있다. 이제는 회사의 어엿한 대표이사로 크고 작은 모든 일들을 스스로 처리하고 새로운 거래도 많이 창출했다. 제법 자리도 잡고 아내가 좋아할 만한 폼도 이제 좀 난다.

그리고 예쁜 내 며느리를 이야기하자면, 아들은 2011년 12월 10일에 서울대 음대 국악과 가야금을 전공하고 그 대학의 교육대학원을 졸업한 고등학교 선생님 하고 결혼했다. 사실 이제야 말하지만, 내 생전에 그렇게 예쁜 서울대 출신의 아가씨는 처음 보았다. 시아버지라서가 아니라, 정말 서울대생들은 그저 공부만 잘하는 줄 알았는데 내 며느리는 아마도 탤런트 김태희 다음으로 미인일 것이다. 솔직히 말하자면 내 눈에는 훨씬 더 예뻐 보인다.

2013년 5월 29일에는 듬직하고 잘생긴 손자도 순산하고, 지금은 청담동 한강이 보이는 아담한 아파트에 살고 있다. 손자의 이름이 '시몬'이라고 내가 지어주었는데, 원래 시몬이 예수님을 만나 베드로가 되었듯이, 내 손자가 예수님을 만나서 믿음의 반석이 되었으면 하는, 우리 집안이 대대로 믿음의 집안이 되기를 바라는 간절함이 담겨 있다.

또 딸은, 미국 코넬대 인테리어 디자인학과 학부 4년을 졸업하고 뉴욕 주립대에서 순수미술을 전공했다. 코넬대에서는 성적우수 학생이 이였고, 특히 뉴욕 주립대에서는 동양인 최초로 수석 졸업을 하기도 했다. 그리고 뉴욕에 있는 SVA(School of Visual Arts) 미술교육대학원을 올 A 학점으로 졸업하였다.

사위는, 코넬대 물리학 박사로 뉴욕에 있는 컬럼비아 대학교에서 포닥(Post-Doctor)을 마치고 현재 버지니아 대학교(Uva, University of Virginia) 조교수로 재직 중이다. 그리고 학교 주변에 2층짜리 아담한 단독주택도 마련했다.

2011년 9월에 하와이에서 결혼식을 올리고, 2012년 12월 21일 예쁜 딸을 순산 했다. 손녀 이름은 '한나' 이다. 성경에 나오는 선지자 사무엘의 어머니로, 딸 지은이가 지어 주었다. 시몬과 한나. 내 손자 손녀 이름만 보아도 이들 부부가 믿음으로 맺어진 것을 알 수가 있다.

하나님이 믿음과 사랑의 배필을 정해놓고 있으리라 생각했던 것처럼, 내 아들과 딸 모두는 정말 본인들이 평소 원했던 배우자와 결혼을 잘했다. 그리고 이 모든 것들이 다 아내가 떠나고 일어난 일들이다. 사람의 능력으로 과연 이와 같은 일이 가능하겠는가?

이는 오로지 천국에서의 아내의 기도와 이 세상에서의 나의 기도가 상달 되어 하나님을 통하여 이루어진 것이라 확신하는 것이다. 그래서 나는 아내와 함께 했기에 가능했다고 믿으며, 나의 아들과 딸이 하나님으로부터 구별되는 크나큰 축복을 받고 있으니 반드시 남다른 역할과 책임, 그리고 사명이 있으리라 생각한다.

9) 자녀들에게 믿음의 뿌리를

나는 지난 2008년 6월부터 현재까지 그러니까 만 7년 동안, 교회와 기독교 방송을 통해 본 목사님들의 설교 내용을 요약해 놓았다. 노트로 15권 정도 되는데, 1권이 양면으로 97장이다. 앞으로도 계속 하나님 말씀을 노트에 요약 해 나갈 생각이다.

내가 작성하고 있는 이 설교 요약집은, 우리 아들과 딸, 그리고 후손들이 나를 믿음의 조상 아브라함과 같이 생각하고 그들 믿음의 뿌리로 삼았으면 하는 마음으로 적고 있다.

사실 나는 아들과 딸에게 아내 이름으로 된 동산과 부동산을 유산으로 전부 상속시키고 그리고 내 재산 중에서도 일부를 증여했다. 물론, 당연히 합법적으로 이 모든 일들을 하였고 그것만으로도 아들, 딸은 이미 풍족하게 살 수 있게 되었다.

마라톤으로 치자면 이미 반환점을 돌았으니, 다른 또래의 아이들이 아직도 출발점에서 어슬렁거리고 있을 때에 비하면, 우리 아들, 딸은 이미 많은 것을 갖추게 된 것이다. 그리고 또 본인들이 지극히 원했던 믿음과 사랑의 배필을 만나 사랑스러운 아들, 딸 낳고 좋은 가정을 꾸려 세상적인 행복이 모두 이루어지고 있다.

모두 내가 아내 대신에 한 일들이지만,
이것보다 나는 나의 아이들에게 더 큰 것을 남겨주고 싶다.

"그것은 바로 우리 아들, 딸이 모두 구원받아 생명책에 그 이름이 기록되어지는 것이다. 그리고 죽어서는 자기 엄마와 같이 천국에서 하나님과 함께 영광을 누릴 수 있기를 바라는 것"이다.

그래서 나는 나의 유언으로, 이를 아이들에게 영원한 유산으로 남기고자 한다. 내가 지난 7년 동안 설교 요약집을 꾸준히 써 오고 있는 이유이며, 이는 하나님이 그렇게 해 주실 것이라 믿고 있다.

이것이 아마도 모르긴 몰라도, 내 아내가 지금 가장 아이들에게 바라는 것이 아닌가 싶다. 믿음의 조상 아브라함처럼, 유산으로 믿음의 뿌리를 굳건히 하고 모래알과 같이 많은 후손들이 하나님을 경외하는 집안으로 세워 주실 것이라 믿는 것이다.

"너희들이 받은 것은 다 하나님의 것이요, 너희들은 단지 관리인이요 청지기로서 이러한 것들을 하나님이 원하시는 곳에, 하나님이 보시기에 좋은 곳에 써라.
너희들이 절대로 그 어떤 것에 대해서도 자기의 소유라고 생각해서는 안 된다."

내가 아이들에게 항상 하는 이야기이고 또 아들딸들이 이것을 유산으로 삼기를 간절히 바라며 기도드리고 있다.

그리고 나는 나에 대해서도 생각해 보았다.
성경을 읽고 또 2006년 10월 14일 성령 체험을 한 후 나는 완전히 변했다.

생각도, 말도, 행동도 바뀌고 아침 6시부터 7시까지 기도하고 찬양하는 습관을 10년째 이어오고 있다. 출장이나 해외여행 중에서도 하루도 빠짐없이 새벽기도를 했다. 또 길을 걸을 때나 차를 탈 때나 어김없이 찬양을 하고 있다. 사실 이제는 자신 있게 말할 수 있는 부분도 생겼는데 그래도 이제는 4절까지 아는 찬송가가 무려 8곡이나 된다는 것이다. 처음 3곡에서 이젠 8곡이니 장족의 발전을 했다고 볼 수 있다.

그리고 집에 있을 때는 성경을 읽고 기독교 관련 서적도 보고, 또 많은 시간을 기독교 방송을 보며 하나님과 동행하는 삶이 일상이 되었다. 현재 나는 500여 권의 기독교 서적을 갖고 있다.

또 내 재혼과 관련해서도 생각을 해 보았다. 지금까지 하나님께 기도를 드리고 있는 중이긴 한데 "하나님의 뜻 가운데서 함께 하나님 일을 할 믿음과 사랑의 배필을 주십시오. 호젓한 오솔길을 손잡고 노래하며 걸어갈 젊고 아름다운 여인을 주십시오."라고 말이다.

사실 아내는 살아생전에 나의 재혼에 대해서 어떤 언급도 없기는 했지만, 내가 꿈속에서 천국의 비밀을 보고 난 후 나는 모든 것에서 자유함을 얻었기에 이러한 기도도 할 수 있게 되었다. 하나님께서 그와 같은 축복을 주신 것이다.

재혼과 관련해서는 나보다 장모님이 더 적극적이셨다.
아마 아내가 죽은 지 한 1년쯤 지나서였나, 어느 날 장모님은 나에게 "김 서방은 절대로 외롭게 살면 안 되니 재혼하라."며 메모지에 여자 이름과 전화번호를 적은 것을 주시면서 "근방 동네 사는 참한 처녀다. 한번 만나봐라. 그 부모도 알고 있다." 라고 하셨다. 장모님은 4년 동안 아내의 병간호에 온 사랑과 정성을 다해온 사위를 보아왔기에 불쌍하고 감사하는 심정으로 재혼을 권유했을 것이다.

대구에서 대학 나오고 서울서 직장생활 하는 36살의 처녀였는데… 뭐 처녀이고, 나이가 많고 적음이 중요한 것이 아니라 내 마음이 굳어있고, 대화가 되지 않는 것이었다. 아내가 죽고 난 후 처음 본 선이었는데, 김문배 장가가 나 보다 했더니 도저히 안 돼서 그냥 "고향 오빠하고 차 한 잔 했다고 생각해라."하고 돌려보냈다.

내가 36살 처녀와 결혼하든, 86살 먹은 노인과 결혼하든지 그것은 자유이다. 그래서 그동안에 이런저런 인연으로 많은 여인들과 선을 보긴 보았는데, 내가 원하고 기도드렸던 인연을 아직은 만나지 못하고 있다. 하나님이 짝지어줄 여인을 준비하고 계신 것 같다. 그동안은 주님과 동행하며 성령님의 인도 아래 나 혼자 믿음에 순종해 왔으나 10년이 지나면 함께 할 배필을 짝지어 줄 것으로 믿고 있다.

그래서 아직까지도 기도를 드리는 중이다.

"아마도 하나님께서도 엄청 고민을 많이 하실 것 같다."

사랑의 편지 I

〈1주년 추모 예배 – 김문배〉

지난 2006년 6월 2일, 아내의 1주년 추모예배 때 저의 기도문입니다.

주여 아버지 하나님, 아버지 하나님께서 저와 저 아들 성우, 저 딸 지은이에게 베푸신 은혜와 축복에 감사드립니다.

아버지 하나님께서는 저를 불쌍히 여기시고, 저의 애절하고 간절한 기도를 들어주시어 꿈을 통하여 저에게, 천사의 모습으로 승천하는 아내의 환상을 보여 주었습니다. 천사된 아내의 모습은 너무도 아름답고 황홀했습니다. 이 고귀하고 복된 성령을 저에게 체험하게 함으로써 저는 이 세상의 모든 죄악과 사탄의 유혹으로부터 자유로워졌으며, 새 생명을 얻었으며, 또한 저와 저 아들, 딸이 구원을 받았습니다.

보잘것 없는 저에게 천상의 비밀을 보여준 하나님, 감사합니다. 주님에 대한 믿음은 반석과 같습니다. 저의 모든 마음과 정성과 힘과 뜻을 다하여 주님을 사랑합니다.

주여, 오늘은 제 아내가 천사 되어 하나님 백성으로, 하나님 나라에 간지 꼭 일 년이 되는 날입니다. 이 기쁘고 영광스러운 추모예배에, 아버지 하나님께서 이 자리에 저희와 함께해 주시어 깊은 감사를 드립니다.

여기 모인 모든 사람들은, 아버지 하나님의 초대를 받고 너무나 기쁜 마음으로 이 잔칫날에 참석하였습니다. 어떤 이는 떡을 준비하고, 어떤 이는 약밥을 준비하고, 어떤 이는 묵을 준비하고, 어떤 이는 생선과 고기를 준비하고, 또 어떤 이는 과일과 음료를 준비하며 저마다 아버지 하나님께 드릴 예물을 갖고 왔습니다. 주여, 이들의 정성 어린 감사의 예물을 기쁘게 받아 주소서.

세상 적으로는 내 아내의 죽음이 너무도 야속하고, 안타깝고, 슬프기 한량 없습니다. 그러나 여기에 모인 모든 사람들의 마음속에는 내 아내가 천사 되어 천당에 간 것을 확신하고 있습니다. 이들은 내 아내가 아버지 하나님의 자식으로서, 성도로서, 이 세상을 선하게 살아온 것을 잘 알고 있습니다.

어떤 이는 내 아내를 가리켜, 한 마리의 노오란 병아리 같다 했습니다. 성령을 입은 아버지의 자식이 아니고서야 그 누가 살아생전에 이런 말을 들을 수 있겠습니까. 이들은 내 아내가 너무나 평안한 마음으로 임종을 맞이하는 모습을 보았습니다. 마음의 평화는 영혼의 평화라 하지 않습니까. 그리고 이들은 내 아내가 죽은 후 일어난 갖가지의 기적을 목격하였습니다.

수차례에 걸쳐 오던 비도 갑자기 멈추게 하고, 성령 체험을 통해 저를 구원하였으며, 제가 하는 기도마다 하나님께서 그 이상으로 응답해 주셨습니다. 제 아들과 딸이 지난 일 년간 하나님의 은혜와 축복 속에서, 슬픔을 기쁨으로, 어려움을 믿음으로 극복하고 세상 적으로나 믿음 적으로도 훌륭하게 자라고 있습니다. 또한 아버지 하나님에 대한 사랑과 믿음과 신뢰의 튼튼한 씨앗을 가슴에 품고, 진실한 주님의 자녀로 성장해 가고 있습니다.

주여 아버지 하나님, 여기 모인 사람들도, 내 아내와 같이 죽어서 천국으로 갈 수 있다는 확실한 믿음과 굳건한 신념을 주소서. 특히 내 형제·자매들, 그리고 처갓집 가족들, 아내의 희생으로 얻은 그 실날 같은 이들의 믿음에, 성령을 기름 부어 주소서. 이들을 구원하여 주소서. 이들을 주님의 자식으로 선택하여 주소서.

주여, 저 처갓집 장인, 장모, 처제들, 조카들 그리고 그 모든 가족들을 불쌍히 여기소서. 그들에게는 내 아내가 빛이요 희망이었으며, 믿음이요 보람이었습니다. 그런 딸을, 그런 언니를, 그런 이모를 창졸간에 잃어버리고 아직까지 슬픔 속에서 벗어나지 못하고 어둠 속에서 방황하고 있습니다.

주여, 이들에게 은혜와 믿음을 주소서. 이들이 즐겁고 기쁘게 살아갈 수 있게 하여 주소서. 이들을 하나님 나라의 백성으로 기록하여 주소서. 이들이 죽어 사랑하는 딸, 사랑하는 언니, 사랑하는 이모와 함께 천당에서 영광을 누릴 수 있게 구원하여 주소서.

일 년 동안만이라도 더 살게 해달라고, 간절히 애원하며 기도했던 아내. 그 일 년 동안 지은 죄를 회개하고 용서하고 용서받고, 불쌍한 이웃, 병으로 고통 받는 형제를 위해 선교하고 기도하고, 봉사한 후 하나님 곁에 가겠다던 아내. 세상 적으로 너무나 사랑했던 아내, 사랑했던 엄마. 그러나 저와 저 가족은 아버지 하나님의 뜻에 순종하였습니다.

저의 아내를 하늘나라에서 더 큰 도구로 사용하겠다는, 아버지 하나님의 명령에 복종하여 기쁜 마음으로 아내를 보냈습니다. 주여, 내 아내를 하나님의 가장 중요한 지체로서, 항상 하나님의 옆에 두고 총애하고 사랑하며, 많은 권능과 권한을 주어 가장 중요한 일에 아내가 감당하게 하여 주옵소서.

여보, 권능과 영광의 천사가 된 여보,
당신이 천사가 된 이후 일어난 여러 가지의 기적적인 일들을 생각해 보면, 지금 이 자리에 당신이 우리들과 같이 있다고 확신해요. 이 자리에는 평소 당신이 사랑했던 사람들이 다 모여 있소. 사랑하는 아들 성우, 사랑하는 딸 지은이. 성우는 지금 내 회사에 들어와 열심히 일하고 있소. 책임감이 강하고 실력 있고 또한 유순하여 대인관계가 좋아. 나보다 더 훌륭한 사업가가 될 것이 확실해요.

그리고 우리 딸 지은이. 온갖 어려움과 슬픔을 기쁨과 믿음으로 승화시켜, 훌륭한 재목으로 자라고 있어요. 지난 학기에는 그 세계적인 일류 대학에서 성적 우수학생으로 뽑혔어요. 방학 중인데도 쉬지 않고, 지금 국내 유수기업에 인턴사원으로 나가고 있소. 여보, 우리 아들, 딸이 자랑스럽지 않소. 내가 사랑과 믿음으로 성우와 지은이를 돌보겠으나, 감당하기 어려운 것은 당신이 도와주오. 그리고 이 자리에는 당신이 사랑하는 여동생 혜자 처제내외가 있소. 당신의 몫까지 합쳐서 장인, 장모님을 정성껏 보살피고 있소.

분당 삼촌 내외분도 참석해 있고 또한 당신이 걱정했던 시동생 희배도 있고, 고통과 아픔과 믿음을 함께했던 필동 누님, 당신의 믿음을 인도했던 최 목사님, 그리고 때론 시어머니, 친어머니 같다고 했던 청도 큰 형수, 훌륭한 누님이라 칭송했던 청도 사과밭 누님, 우리 집 일을 자기일 같이 진실과 사랑으로 돌봐주시고 있는 삼양동 형님, 엄마를 많이 닮았다고 했던 대구 누님, 조카들, 그리고 당신이 필요할 때 언제나 당신 곁에 있었던 믿음의 친구 신금순 권사, 뜨겁게 기도하며 당신의 쾌유를 빌었던 온누리 교회 순장님 그리고 권사님, 절친했던 학교 친구이자 믿음의 친구인 정규, 정열이와 순임씨, 집안일을 정성껏 돌보고 있는 도우미 아줌마, 그리고 이 자리에는 참석하지 못했으나 오직 당신 생각만 하고 있는 친정 부모 그리고 동생 가족들, 여보, 이 모든 사람들이 당신을 너무 사랑했고 당신이 천사된 이후에는 더욱더 당신을 사랑하고 있는 사람들이요. 천사의 권능으로, 당신이 이 모든 사람들을 당신이 있는 하나님 나라로 인도하는 등불이 되어주오.

주여. 아버지 하나님.

엄마의 사랑과 엄마의 따듯한 보살핌 속에서 재롱을 부리며 살아가야 할 어린 나이에, 엄마를 잃고도 하나님께 감사하는, 내 사랑하는 아들 성우, 딸 지온이를 불쌍히 여겨 주옵소서. 아버지 하나님께서는 내 아들딸에게 계획하시고 있는 바가 분명히 있을 것입니다. 주님이 계획하신 대로, 주님이 보시기에 좋으실 대로, 내 아들딸을 인도하여 주옵소서.

내 아들딸이 훌륭히 성장해서 자기들이 하고 있는 분야에서 최고봉이 되어 인류에 공헌하길 원하시면 그렇게 되게 하여 주옵소서. 내 아들딸이 갖고 있는 또 앞으로 가지게 될 모든 것의 소유주는 하나님께 돌리고 이들은 단지 관리자로서, 청지기로서 충실하게 관리하고 창대하게 발전시켜 불쌍한 이웃, 불우한 형제, 어려운 처지의 성도를 돕는 자비로운 자식이 되게 하는 것이 하나님의 뜻이라면, 그렇게 되도록 하여 주옵소서. 그리고 모든 영광 아버지 하나님께 돌리게 하여 주옵소서.

주여 아버지 하나님. 저의 적은 믿음에 성령을 기름 부어 큰 믿음 되게 하여 주소서. 믿음에 믿음을 더하여 주소서. 성령님의 말씀대로 성경의 진리대로 살아가게 하여 주소서. 저의 형제, 자매 그리고 처갓집 가족들이 저의 믿음을 통하여 하나님께서 살아 역사하신다는 것을 깨닫게 하여 주옵소서.

주님께서는 사람의 머리카락도 세고 계시니, 저의 기도가 진실 되고 반석 같은 믿음에서 나온 것임을 아실 것입니다. 주님, 저의 간곡한 소망을 수락하여 주옵소서.

감사하옵고, 이 모든 말씀 우리 주 예수 그리스도의 이름을 기도드렸습니다. 아멘.

〈아들 성우의 편지〉

아버지께.

말로는 아버지께 제 마음을 표현하기 어려울 것 같아서 글을 씁니다.
먼저 즐거운 주말 저로 인해 기분이 많이 상하셨다면 정말로 죄송합니다.

제가 오전에 지갑을 두고 집을 나선 이유는 여름이라 굵은 지갑을 넣으면 보기에도 안 좋고 활동하기에도 불편하여서 단지 집 출입 카드와 신용카드만 들고 나왔습니다. 헌금과 영화를 보게 되면 필요한 현금을 생각해 볼 때 당연히 현금도 준비를 했었어야 했습니다. 오전에 나갈 준비로 정신이 없어서 미처 그 생각을 못 했습니다.

또한 솔직히 말씀드리자면 제가 믿음이 약한 탓인지 아직까지 십일조, 헌금 등 교회에 대한 봉사심이라든지, 성경공부 등을 소홀히 하였습니다. 제가 만약 헌금을 꼭 내야 되는 예물이라 생각을 했다면 당연히 오전에 현금을 준비하였을 것입니다.

또한 성경책도 매일 읽었을 것입니다. 이러한 문제는 저에게 있으며 제가 앞으로 믿음을 쌓아가도록 노력을 하면 해결될 수 있는 문제라고 생각됩니다. 오늘부터 하루도 빠짐없이 성경공부를 하겠다고 약속을 하기에는 힘들어도 최소한 1주일에 2번은 성경 1장씩 읽도록 하겠습니다.

마지막으로 저의 소비활동에 대해 말씀드리겠습니다. 저 같은 경우는 이상할 정도로 제가 관심이 있는 분야에는 돈을 쓰나 관심이 없는 분야에는 돈을 잘 안 쓰게 됩니다. 이러한 저의 소비성향을 저로서도 잘 설명 드리기 어려우나 매우 안 좋은 성향이라는 것을 알고 있습니다. 이러한 문제를 해결하기 위해 앞으로는 1달간의 수입 및 지출에 대해 정리를 하며 계획적인 소비활동을 하도록 하겠습니다.

아버지! 아버지께서 말씀하셨듯이, 저희 자식들이 아버지께 순종하며 아버지께 효도하며 사는 것이 우리들의 임무이며 자식으로서의 도리라고 생각합니다. 아버지의 깊은 생각을 어찌 다 헤아릴 수 있겠습니까. 그러나 못난 우리들을 이해해주시고 저희들도 부끄럽지 않은 아들, 딸로서 언제나 아버지께 즐거움을 드리도록 노력하겠습니다.

못난 아들의 글을 끝까지 읽어주셔서 감사합니다.

⟨딸 지은이의 편지⟩

너무나 사랑하고 존경하는 아빠.

아빠~ 엄마가 하늘나라 간 이후부터 아빠가 하나님에 대해 또 엄마가 가 계신 천국에 대해 확신하고 성경을 이해하고자 하는 마음 주신 것이 얼마나 감사한지 몰라요. 나도 처음엔 믿음 없이 시작했으나 사랑의 주님이 비천한 나 자신을 돌아보게 하시고 늘 그분의 임재하심을 깨닫게 해 주시니 놀랍고 또 한없이 기뻤어요. 엄마는 아마 그 이상을 느끼셨을 거에요. 분명 믿음이 있어도 인간은 의심 많고 간사한 동물이라 현실 속에 엄마가 없음이 한없이 슬프고 앞날이 걱정되고 그래서 눈물이 난적이 많았지만 지금 내가 마음 잘못 먹고 자학한다면 사탄이 가장 좋아하겠죠?

기도할 때마다 늘 예전에 엄마를 위해 기도했던 것이 생각나서 눈물이 나지만 분명 그 길이 가정 모두에게 이로웠기에 주님 뜻 이루셨다고 믿고 있어요. 인간적으로는 이해가 안 되고 원망스럽고 주님께 절규도 해보고 하지만 돌아오는 건 결국 한없는 슬픔뿐이란 걸 깨닫게 해달라고 기도하며 주님께 위로받길 원해요. 아빠도 많이 힘들 때 이렇게 마음속으로 기도해봐요.

"주님, 저는 무지해서 주님의 뜻을 모릅니다. 주님께서 그 뜻을 가르쳐주세요. 엄마는 편안한 곳에서 우리들을 지켜보고 있음을 확신케 해주세요. 위로의 하나님 다친 마음의 공허함을 세상적인 것으로 채우지 말고 오직 주님으로 가득 차게 해주세요. 늘 감사하고 기쁜 마음으로 다른 사람 사랑하며 살 수 있게 해 주세요."

나는 엄마가 우리 모두에게 믿음의 씨앗을 주었다고 믿어요. 물론 주신 건 주님이시고 엄마는 귀한 도구였죠. 우리가 잘 가꾸면 엄마 소원이던 가족구원 이루시고 우리 가족 하늘나라에서 상봉할 거에요. 그래도 너무 힘들면 이 말을 생각해봐요. 제가 마음이 흔들리고 슬플 때 생각하는 거에요.

「주님은 능히 감당할 수 있는 자들에게 감당하게 하신다.」 우리 가족 세 명은 능히 이 슬픔을 딛고 감당할 수 있기에 이런 시련 주시고 마음의 단련, 겸손함 주시고, 더욱더 사랑, 은혜 주시는 거래요. 그러니 우리 주님 주신 사랑 거부하지 말고 받아들이고 감사함을 느끼며 원망치 않고 열심히 이 세상 사역 다해요!

나는 죽음이 누구나 이 세상에서의 사역을 다 끝내고 당하는 것이라 믿어요. 아빠나 오빠, 그리고 나는 아직 이 사역을 다 못하거나 알지 못하니 아직은 죽어서도 안 되죠. 주님 주신 비전 믿고 순종하고 이 세상에서 소금과 빛이 되도록 열심히 공부하고 또 훌륭한 사람 될게요. 아빠~ 엄마에게 다 하지 못한 효도, 다 할게요~!! 훌륭한 여성으로 자라서 아빠 곁에서 오래오래 함께하고 싶어요. 내 마음 알죠? 아빠 생신 너무너무 축하하고 감사해요.

아빠, 사랑해요. 내 걱정은 0.1%도 하지 말고 딱 4개월만 기다려요. 나도 많이 보고 싶을 거에요. 자주자주 전화하고 편지도 자주 쓸게요.

아버지의 사랑스러운 딸, 지은

2부

나는 축복받은 장로

사실, 내가 2008년 8월에 엘림교회 최순복 목사님으로부터 저의 장로 장립에 대한 총회 이야기를 듣게 되었다. 당시에는 정말 너무 당황할 수밖에 없었다. 꿈에도 생각하지 못한 것으로 어떻게 받아들여야 할지 판단할 수 없었기 때문이다. (지금 생각해보면 목사님께서 이미 응답을 받으셨던 것이었다.)

나는 목사님께 잠시 생각할 기회를 달라고 하였다. 이제 교회를 5~6년 나간, 그리고 순전히 하나님을 영접하고 믿음으로 구원받은 것이 불과 3년여 정도밖에 안 된 그런 내가 장로가 되는 것이, 열심히 믿음 생활하는 일반 성도들에게 혹시나 시험에 들게 하지는 않을는지…

또 장로의 일반적인 규칙이나 자격, 선발여건에 대해서 하나의 지식도 갖고 있지 않은, 그래서 장로가 되었을 때 어떻게 하는지에 대해서도 하등의 지식도 없는 내가 과연 자격이 있는지를 고민했다.

그래서 하나님께 물어보았다. 장로는 구약에 제사장이라 했는데, 제사장은 하나님께서 임명하시는 것이니 하나님 뜻으로 저를 임명하셨는지 궁금했기 때문이다.

"이것이 하나님의 뜻인지 말씀해 주십시오."

몇 날, 며칠을 두고 기도했다.
그리고 얼마 후에 나는 기도 중에 하나님의 음성을 들었다.

"내가 너와 함께하기 위해서 너를 축복하였노라. 내가 주는 장로의 직분을 네가 왜 주저하느냐? 조금도 주저하지 말고 두려워하지 말라. 내가 너와 함께 하고 내가 너의 능력 속에 있을 것이다."

그 순간. 하나님께 정말 복종하지 않았던 것을 용서 빌고 장로 장립을 받아들였다.

2008년 11월 16일,
나는 대한예수교장로회 서울노회 엘림교회 장로로 임직받았다.

1)
청도 시골 선생님

나는 완전히 변했고 또 지금은 변화된 삶을 살고 있다.

하지만 내가 하나님을 영접하고 변하기 이전까지는 그저 세상적인 삶을 살아온 평범한 사업가에 불과했다. 그래서 이 자리를 빌려 어릴 적부터 내가 살아온 이야기를 해야겠다 생각했다.

김문배 장로가 어떻게 살아왔고, 또 어떤 일들을 하며 지냈는지, 그리고 여기서 자연스럽게 나의 아내를 만나게 된 사연도 소개할 수 있을 것 같다.

"나의 아내 "숙이"를 만나고, 사랑하고, 그리고 결혼까지 이어진 이야기"

내가 태어나 어린 시절을 보낸 고향은 경북 청도라고, 대구 밑으로 40여 km 가면 있는 군 단위 시골이다. 원래 청도가 씨 없는 감으로 유명한 곳인데 거기서 팔 남매 중에 일곱 번째로 태어났다.

어려서는 그래도 좀 영리하고 공부도 잘했던 모양이다. 그때 우리 다닐 때만 해도 중학교를 대구에서 다니던 아이들이 별로 없었는데, 나는 대구에서 상류 급에 속하는 경상 중학교를 나왔고, 고등학교는 경북사대 부속고등학교라고, 경북고등학교와 더불어 2대 명문이었으니, 나름 시골에서는 파란 학생모자 쓰고 소위 20점 따고 들어가는 잘나가는 청소년이었다. 거기에다 중학교에서는 한때 반에서 3등을 할 만큼 공부도 잘했다.

문제는 고등학교인데, 고등학교 들어가서는 하숙집 주인아저씨 덕분(?)으로 당구를 배우고, 바둑도 배웠다. 그래서 고등학교 때에 이미 당구를 150이나 치고, 바둑은 한 3~4급 두었다. 그리고 삼류 학교 친구들과 어울려 패싸움도 하고 학교로부터 정학, 무기정학까지 당했으니, 공부가 제대로 될 리 만무했다. 그러나 45여 년이 지난 2014년 3월 14일, 고등학교 총동창회로 부터 모교를 빛낸 졸업생에게 수여하는 자랑스러운 군성인상을 받았다.

결국 대학은 서울 K대에서 1차 떨어지게 되고, 2차로 대구 영남대학교 영어영문학과에 68학번으로 입학하고 75년도에 졸업하였다. 재학 중에 월남참전용사로 14개월 동안 백마부대에 복무했다. 그리고 운명적인 만남이 이루어지는 청도 여자중고등학교에 영어 선생님으로 가게 되었는데, 이것이 아내를 만날 수밖에 없는 그런 운명 같은 것이 아닌가 싶다.

당시에 아내는 대구에 있는 계명대학교에서 줄곧 장학생으로 가정학과를 졸업하고, 나와 같은 학교에서 가정 선생님을 하고 있었다. 내가 아내보다

1년 늦게 부임하게 되었는데, 글쎄 아내가 바로 내 앞자리였고 그렇게 인연이 시작되려고 해서 그랬는지, 우리는 자연스럽게 수시로 대화를 나눌 수 있는 기회가 많아졌다. 고향도 같고 그래서 우리는 금방 친해진 것이다.

그때만 해도 청도에서, 사실 여자 대학생이나 여자 고등학교 선생님은 귀해서 웬만하면 남편으로 검사, 판사, 의사 등 소위 '사'자 달린 직업의 남자를 원했던 시기였다.

그런데 우리는 그렇게 서로 사랑을 하게 되었으니 아내 집안에서는 난리가 났고 집안의 반대도 극심했다. 특히 아내 집안에서는 아버지가 수의사라, 당시 시골에서는 그래도 현금이 많은 부자이기도 했다. 그래서 딸 셋을 대학까지 보내기도 했고 특히 맏딸에 대한 기대와 바람이 클 수밖에 없었다.

더욱이, 당시 아내는 뛰어난 미인은 아니지만 아주 여성스럽고, 착실하고, 얼굴도 그만하면 잘났고, 장학생으로 대학교까지 나온, 그래서 집안에서는 당연히 '사'자를 생각하고 있었다. (나도 교사로 "사"자였지만 한자가 달랐다.) 그런데 아예 생각지도 않은 엉뚱한 돈도 없는 시골선생님을 사랑하게 되었으니 그 부모 입장에서는 내가 마음에 들 리 없었다.

사실 나의 아버지도 지역에서 민선 면의원이시고 한학자로 학식과 인품이 뛰어나시고 과수원 농사를 하는 제법 부유한 편인데도 불구하고, 아내 집안은 나를 탐탁지 않게 여겼다. 그리고 나를 본 분들은 알겠지만, 내가 뭐 그리 호감 가는 미남형도 아니고, 더군다나 그때에 나에 대한 평은 불량배 비슷하게, 왜냐하면 젊은 나이에 당구 치고, 바둑 두고 거기에다 큰 덩치에 불량친구들과 어울려 술집에 다니고 싸움질까지 했으니 말이다.

결국 아내 집안의 결사반대로 인해 아내는 도저히 학교를 다닐 수 없어 사표를 내고 말았다. 나도 한 1년 정도 다니다가 학교에 사표를 내고 1977년 3월에 포스코에 정식으로 시험 쳐서 입사했다.

"그런데 이것이, 아내와 나를 다시 만날 수 있게 하는 계기가 되었다. 어쩌면 여기에도 하나님의 예비 하심이 있었는지도 모르겠다."

1년 후인가, 포스코 서울사무소에서 근무하게 되었다.

소공동 칼(KAL) 빌딩이라고 지금은 해운센터 빌딩으로 이름이 바뀌었다. 당시에는 서울에서 가장 좋은 빌딩인 데다가 내가 업무로 외국에도 자주 출장을 나가곤 했다. 이런 내 모습이 장인, 장모도 생각을 달리하게 만들었다. 어느 날, 처제를 통해서 다시 연락이 왔고 그래서 나는 아내와 결혼할 수 있게 되었다. 처제한테서 들은 얘기로 "그동안 아내는 나와 결혼하지 않으면 수녀가 되겠다고 하며 먹지도 말하지도 않고 몸무게가 10kg 정도 빠졌다."고 했다.

그때가 1978년 4월 29일이다. 하지만 당시에 내가 모아 놓은 돈이라곤 80만 원이 전부였다. 아내의 친정에서는 1원도 안 보태줘서 결혼을 했기에 막막할 수밖에 없었다. 당시 전 재산 80만 원. 나는 이 돈으로 누님이 살고 있는 필동 근처, 대한극장 뒤편 산 중턱에 있는 개인 단독주택의 방 한 칸 전세로 들어갔다. 여름 가뭄 때에는 수돗물이 새벽에만 시간제로 나왔다.

그리고 매달 받는 월급 80만 원으로 그 돈을 모으고 또 모아서 전세 2층으로 옮기게 되었고, 또 모아서 조그마한 홍제동 아파트로 이사를 갔다. 거기서 다시 가락동 둔촌 아파트로 이사하였고, 그때부터 일이 풀리기 시작한 것이다.

자고 나면 하룻밤 사이에 아파트값이 몇 백만 원씩 오르고, 이것으로 다시 대림아파트, 미성아파트로 그리고 올림픽 패밀리아파트 56평짜리까지 옮겼다. 마침내 92년도 당시, 포스코 건설에서 제일 처음 짓고 서울에서 가장 잘 지은 아파트로 선정되었던 도곡동 포스코 아파트까지 입주했다.

80만 원에서 시작된 아내와의 결혼생활. 전세방에서 지금 약 20~30억 가는 74평 아파트까지 집안의 도움을 안 받고 이만큼 모을 수 있었던 것은 정말 아내가 알뜰하고 고생을 많이 했기 때문이다. 아내는 이미 믿음을 갖고 있었기에, 무엇보다 그때부터 하나님이 그렇게 도와주시지 않았나 싶다.

길거리에서나 전철 안에서 불구로 구걸하는 사람을 보면 비록 같은 사람을 하루에 2~3번 만나더라도 빠짐없이 만 원권을 준다. 그러면 깜짝 놀라 고개를 들고 몇 번인가 인사한다. 그 순간 나는 그 사람이 그 순간만이라도 감사하고 세상에 희망을 품고 기뻐하는 모습을 볼 때 내 가슴이 벅찼다.

수십 년에 걸쳐 낙엽이 한잎 두잎 쌓여 산봉우리를 이루듯이… 하나님께서는 나에게 그와 같은 방식으로 재물의 은사를 주셨다. 어쩌면, 지금 생각해 보면 그때부터 나를 쓰시고자 했던 하나님의 예비 하심이 있었다는 확고한 믿음을 갖고 있다. 나는 이러한 하나님의 손길에 놀라워할 수밖에 없다.

2) 포스코의 '일당 백' 시골 청년

하나님께서 원하시는 세상은 어떤 모습일까? 천국에서도 주어진 일이 있는데 지금 이 땅에서도 우리는 맡은 바 소임을 다하고 있는 것은 아닌지 돌아볼 필요가 있다. 특히, 요즘 청년들에게 귀감이 되었으면 하는 마음에서라도 포스코 생활을 이야기하고자 한다.

앞서 이야기했듯이 나는 회사를 들어가고 싶어서가 아니었는데도 아내와의 인연으로 포스코에 들어가게 되었다. 그런데 포스코에 들어가고 나서 나는 영어를 전공한 덕분에 운 좋게 원료 수입 부서로 가게 되었다. 원료를 수입하는 곳은 당시 포스코에서는 가장 중요하고 가고 싶은 부서 중의 하나로, 해외출장도 많은 곳이다.

그래서 그때 원료부 내에는 대부분 서울대, 연대, 고대 출신들이었고, 지방대학 출신은 거의 없었다고 할 수 있다. 그런데 나 같은 지방대학 출신이 포스코에, 그것도 가장 좋은 부서에 근무하게 되었으니 이것도 기적이라면 기적이다.

그리고 그 부서에서 가장 먼저 만난 분이 심재강 과장님이셨다. 부서 담당 과장님으로 서울 상대 나오신 분인데 그분을 만난 것도 나에겐 크나큰 행운이었다. 심 과장님은 당시 회사에 톱으로 들어온 대단한 분으로, 그분 밑에서 정말 많은 업무를 배우고 또 그분이 나를 상당히 총애하기도 하였다. 내가 소속된 과는 원료수입 2과로 20여 종류의 합금철, 철금속, 비철금속을 나 혼자 수입을 계획하고 입찰하고 계약하고 그리고 사후 관리하는 일이었다.

사실, 당시에 머리 좋은 일류대 출신 직원들은 뭘 하다가 딱 장벽에 부딪히면, 그때에는 완전히 손을 놓고 윗분에게 넘기는 경우가 많았는데 나는 오히려 어떤 문제에 부딪히면 신이 나고 열정이 솟아올라 여러 가지 해결 대안을 구상하며 나 홀로 집중하여 해결했던 것이다. 그런 날의 아침 출근길은 왠지 기쁘고 신이 났다.

한 번은, 해외에서 배가 가다가, 갑자기 항만노조의 파업으로 다른 나라 항구로 회항을 한 적이 있었는데, 그러다 보니 배가 들어갈 때에 신용장 개설이 급선무였다. 신용장은 수출용 원자재용으로 해야만 관세 환급을 받을 수 있고 또 이자율도 낮다. 그러나 은행에 한도가 있어야만 가능했다.

모두가 발만 동동 구르고, 손을 놓고 있는 상황. 나는 바로 당시 주거래 은행인 한일은행으로 달려갔다. 갔으나 담당자는 한도가 없어 불가능하다는 말만 하고 배는 내일 들어가야 하는데 신용장은 열어 주지 않고, 그러면 하루에 2~3만 불씩 선사에 지체상금을 보상해야 하는데 나는 무조건, 은행 2층에 있는 최고 책임자 김용배라는 차장을 찾아갔다.

그 차장을 보자마자 나는 대뜸, "혹시 김해 김씨 아닌가요?"하고 물어봤다.

당황하던 그 차장은 "맞다"고 하는 것이다. 그래서 항렬로 따져보니 나의 형님벌이 되었다. 나는 형님이라 호칭하며 그렇게 우리는 금방 친해졌고, 당시의 불가피한 상황을 설명하고 결국 문제를 그 차장의 도움으로 해결하게 되었다. 그런 일이 있고부터 나는 포스코에서 함께 근무했던 동료들 사이에서 '일당백'이라 불리기까지 했다.

또 한 번은, 내가 기안한 텔렉스를 5번이나 심재강 과장님으로부터 퇴짜를 받은 적이 있었다. 외국 공급사와의 모든 교신은 그 당시 텔렉스로 하는데, 나는 비록 영문학과 출신이긴 하나 한 번도 텔렉스를 기안해 본적이 없었으니 그것이 제대로 될 리가 만무했다. 하지만 나는 포기하지 않았다. 과장님의 지시대로 1번 2번을 수정해 나갔다. 그러자 마치 시들은 꽃잎이 물에 살아나듯 수정할 때마다 신기하게 문장이 살아나고 이곳에도 혼이 담기는 것이 느껴지는 것이었다. 마지막 교정했을 때는 마치 진흙이 토기장이의 솜씨로 청자나 백자가 된 것 같았다. 그래서 나는 이때부터 섬세함과 수용하는 마음, 사소한 것에도 최선을 다하는 정성, 그리고 긍정적인 사고를 내 평생의 교훈으로 삼게 되었다.

그런 일들이 있었던 후부터, 해외 출장 업무에서 나는 중요한 역할을 담당하곤 했다.

원료시장조사를 목적으로 전 세계를 한 25개국 이상, 어떨 때는 한 달 반 동안이나 출장을 나가는 경우도 있었다. 그 당시 내가 체결했던 계약이 토대가 되어 현재까지 계속해서 진행되는 것도 있다.

1994년 1월. 나의 삶에서 또 다른 운명적인 날이었다.

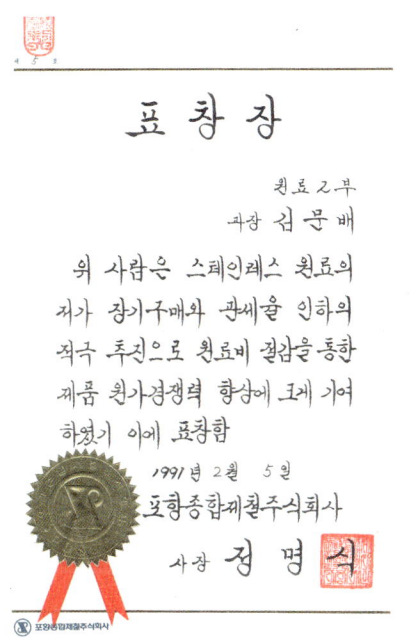

바로, 포스코 박태준 회장이 물러나면서 나도 박태준 사람이라 하여 회사에서 밀려나게 된 것이다.

그래서 1994년 2월 1일 차려지게 된 것이 MB트레이딩이라고 무역회사이다. 그때부터 나는 21년 이상 이 일만 해 왔다. 포스코 근무까지 합치면 한 38년 동안 오직 합금철, 철원류, 비철금속 등의 무역업무만 했으니 때로는 내 이름대신 "어이 합금철" 이라고 불리기도 했다.

그래서 이 분야에서 나는 우리나라에서 이 분야의 무역을 처음 시작했고 또한 최고의 전문가였다. 공급사의 생산, 판매, 구조, 수급상태, 가격결정체제, 인맥 등 유통의 전 과정을 꿰뚫고 있었다.

갑자기 포스코에서 밀려나 준비 없이 회사를 설립하게 되었지만, 내 소식을 들은 많은 해외 공급사가 함께해주는 등 도움으로 지금까지 한 번도 회사 문을 닫거나 큰 어려움 없이 21년 이상을 해온 것이다. 이것은 오로지 한우물만 파오며 집중한 결과이며 하나님의 도우심이 있었기에 가능한 일이였다. 포스코에도 감사하다.

현재 무역회사는, 아들이 맡아서 잘 운영하고 있다. 아들의 영어와 일어 실력은 원어민 이상으로, 무역은 어차피 외국어를 알아야 하니 잘 된 일이다. 그래서 지금 회장으로 있지만 회사 업무는 아들이 사장으로 거의 다 하고 있다. 회사 이름이 현재는 MB메탈(주)로 2009년 2월 20일 법인화 되었다.

참, 그리고 내 이름에도 사연이 많다. 소개하자면, 원래 호적에는 구슬 옥(玉) 변에 글월 문(文) 해서 옥돌 민(玟) 자이다. 그러니까 호적 이름은 김민배 인데, 이것이 동사무소 있는 친구가 출생 신고 때 '문'으로, 한문의 글월 '문' 자만 보고 그냥 문으로 적어 버렸다. 그리고 호적에 적어놓으면 바꿀 수 없어 날 때부터 그냥 김문배로 불리고 있다. 92년도 실명제 할 때까지 학교에서도, 군에서도, 회사에서도 나는 그냥 문배라고 불렀다. 실명제 후에는 문배는 예명이고 모든 공적 문서는 민배로 적었다.

김문배라는 이름을 많이 써서, 간증집에도 그냥 김문배라 하였다.

3) 하나님께 속한 선거

희망세상21 산악회 중앙회, 광역시도회장단과 함께 청계천에서.. (2006.12.26)

사실 나는 하나님의 자녀가 되고, 하나님으로부터 큰 축복을 받고 난 후에 기적 같은 일들이 많이 일어났다. 정말 하나님의 능력의 일들이 수없이 일어난 것이다. 특히 하나님이 이 나라 지도자를 세우는데 나를 큰 도구로 사용하셔서 그 일을 감당하도록 명령하신 것이다. 그리고 그 일을 해냈다.

2006년 5월.
하나님은 나를 이 나라 정치의 한가운데로 몰아넣으셨다. 그 당시 혼란과 환난 중에 있는 이 민족을, 이 나라를 구제하기 위해 이명박 장로를 대통령으로 세우는 일을 시작하게 하신 것이다. 그때부터 나는 희망세상21 산악회를 결성하게 되었다.

그리고 2007년 6월까지 일 년 동안 나는 중앙회장으로서 지방을 100회도 넘게 돌아다녔고 전국 17개 광역시·도 지부, 274개 시·군·구 지회, 3,000여 개의 읍면동 분회까지 조직을 결성해 나갔다. 내가 직접 현장에서 조직을 계획하고 결성하고 그리고 활성화 시킨 것으로, 그때에 가입된 전국 회원이 100만여 명에 달할 정도였다. 물이 있고 산이 있고 사람이 사는 곳에는 산악회 회원이 있었다.

드디어 2007년 9월, 한나라당 대선후보로 당시 이명박 후보가 치열한 접전 끝에 여론의 우세로 승리하였고, 12월 19일 대선에서 제17대 대통령으로 당선되었다. 이를 결정하는데 일등공신으로 산악회가 있었다는 것은 누구도 부인할 수 없는 사실이다. 산악회 동지들과 나는 하나님의 뜻에 따라, 이 땅 위에 지도자를 세우는 일에 매진하였고 이 민족에 희망의 씨앗을 심는다는 마음으로 최선을 다했다.

사명자로서 온 열정을 다해 담대히 행동했으며, 그로 인해 일 년 가까이 회사 문을 닫다시피 하기도 했다. 당시 전국 100만 회원의 수장으로서, 조직을 유지하고 관리하는데 내가 할 수 있는 모든 책임을 다하고, 희생하고 헌신했으며, 신앙적 믿음으로 하나님께서 명하신 소명을 다 한 것이다. 대통령의 권위는 하나님이 주는 것이고 그 권위를 행할 지도자도 사람을 통해서 하나님이 정한다.

그러고 보니 나도 그 당시에는 꽤 유명한 인사이기도 했다. 아마 기억하는 사람도 있겠지만, 2007년 6월과 7월에 내가 TV에 자주 등장해서 많은 사람들이 알아볼 정도였으니 말이다. 첫 번째 TV에 나왔을 때는 모자이크 처리해서 몰랐지만, 두 번째에는 워낙 자세히 나와서 한 직원 모친이 "너희 사장님은 너무 잘생겨서 국회의원 해도 되겠다."고 했을 정도이니 유명하긴 유명했다.

또 우리 산악회에 대한 이야기는 텔레비전은 물론이고 신문과 인터넷에서 자주 등장했으며 당시에 이명박 대통령 후보 사조직 산악회, 그 중앙회장 김 모모로 유명세를 탔다. 그때 나온 그 김 모모가 바로 나 김문배이다.

2007년 6월 18일. 검찰에서 일시에 나의 개인 사무실과 집, 그리고 산악회 중앙회 사무실, 산악회 사무총장 집, 그리고 두 간부의 집을 일시에 압수 수색하는 일이 발생했다. 이로 인해 산악회 조직은 만천하에 드러났고, 그때에 검찰발표에 의하면 건국 이래, 대한민국이 생긴 이래 30만 명 회원의 최대 사조직으로 전국 조직망을 가진 범죄 집단이라고 했다.

그만큼 1년 만에 이루어진 조직이라고는 믿기지 않는 그런 규모의 조직으로, 하나님의 능력으로만 가능한 그런 큰 규모였다. 당시의 검찰은 어떻게 해서든지 중앙회장인 나를 구속시켜 MB캠프에 결정적 타격을 주기 위해서 모든 죄를 나한테 다 뒤집어씌우고자 한 것으로, 그래서 2차례나 사전 구속영장이 청구되기도 했다. 그러나 증거인멸과 도주의 우려가 없어 2번 다 구속영장은 기각되었다.

다섯 번인가... 검찰에 출두해 주임검사한테서 조사를 받았다. 서초경찰서 유치장에 두 번이나 구금당하고, 그리고 공판을 10번 정도 받았던 것 같다.

당시에 학생이었던 아들과 딸은, 엄마도 없는데 아빠까지 구속되면 자기들의 앞날이 어떻게 되는지조차 생각하지도 않고 "아빠 존경해요, 아빠가 자랑스러워요." 하며 오히려 나를 위로하는 것이다.

"이는 하나님의 능력이 아니고선, 이 어린것들이 그토록 담대하게 말할 수 없었을 것이다."

그리고 대법원 판결이 났다. 나는 공직선거법 위반혐의로 2008년에 징역 1년 3개월, 집행유예 2년이란 대법원 선고를 받았고, 2010년 8월 15일에는 사면복권 되었다.

오히려 그 일로 인해 우리 산악회는 더욱 똘똘 뭉치는 결과를 만들어 냈다. MB나 그 캠프로부터 단 일원의 돈도 주고받지 않은, 그리고 선거와 관련된 그 어떤 지시도 받지 않고 보고도 하지 않은 정말 합법적인 활동만 해온 순수 민간단체임이 증명된 셈이다. MB가 경선에서 우리 산악회 때문에 승리했다고 말하는 것에 부인할 사람은 아무도 없다. 그리고 그 사명의 결과로 2007년 12월 19일, 드디어 이 땅에 희망의 씨앗이 심어지게 되었다.

1백만 회원 중에 책임당원이 7만 5천여 명으로, 당시 한나라당 책임 당원 총수가 한 15만 명 정도밖에 안 되었는데 우리가 그중에 반 정도를 추가로 확보 했으니 인원수만 보더라도 가히 산악회의 역할을 짐작할 수 있을 것이다.

그리고 우리는 제18대 대선 박근혜 후보의 선거 때도 처음보다 더 큰 사명으로 정권 재창출을 해야 한다는 절대적 사명감으로 희망세상21 산악회 회원들이 다시 힘을 모았다. 그래서 확고한 믿음 아래 나는 한 달여에 걸쳐 중앙회 및 각 시·도·지방조직을 점검하고 독려 차 돌아다녔고, 결국 나는 그때 과로로 쓰러지기까지 하였다. 18대 대선을 위해 결집된 62만 9천 명의 회원도 이렇게 탄생하게 되었다.

솔직히 17대 대선의 경선상황으로 보면 박근혜 대통령 후보를 좋아할 만한 이유는 없었다. 그건 이명박 대통령 후보 경선 때 박근혜 후보 측은 라이벌 관계였기 때문이다. 그러나 제18대 대통령 선거에서는 박근혜 대통령 후보를 도왔다. 나는 기도 중에 하나님의 뜻이 "우리가 창출한 MB정부의 자유민주주의, 시장경제 체제의 정권을 재창출하기 위해서는 박근혜 대통령 후보가 제18대 대통령으로 이어가야 한다는 계시를 받았고" 그 사명을 감당해야만 했다.

오직 그 사명 하나로, 2012년 6월 초순에 대전에서 전국 시·도 지부회장들을 모두 집합시켰으며, 그 자리에 당시 박근혜 후보는 공식적으로 경선 출마를 선언하지도 않았지만 박근혜밖에 대안이 없으니 "우리는 이명박 정부의 정체성을 이어가는 박근혜 후보를 밀어야 한다."는 의견을 모은 것이다. 그래서 나는 당 조직의 조직총괄 본부 고문으로 들어가 박근혜 대통령 후보를 제18대 대통령 만들기에 자진해서 나섰다. 역시 그때도 아무런 지원도 없이 모두 사비로 돈을 써가며 헌신적으로 선거운동을 한 것이다. 당시 박근혜 대통령의 당선 표차가 100만 표 조금 넘었는데 이는 우리 희망코리아가 정권 재창출의 주인공인 점을 증명한 것이다.

"앞서 말씀드렸지만, 그 2번의 대선이 모두 하나님께 속한 선거였다. 크고 작은 모든 권위가 하나님으로부터 오는데 하물며 한 나라를 통치하는 권위가 하나님의 계획 없이 세워질 수 있겠는가?

나는 단지 사명자로서 그 명령에 순종했을 뿐 이 모든 영광은 하나님께 있다. 하나님은 나의 승리의 깃발이었다."

이명박 대통령이 당선된 후에 우리 희망세상21 산악회 회원들은 함께 취임 축하 때, 퇴임 때 두 번이나 청와대에 들어가 만찬도 하고 인사도 나눴다. 또 개인 사비로 나눔의 집을 운영, 10여 년에 걸쳐 해온 나눔 활동의 공로도 인정받아, 2013년 2월 15일에 청와대에서 '국민포장'을 받기도 했다. 하지만 이 모든 것을 주장하시는 그분, 하나님의 뜻이라는 것을 다시 한 번 밝히고 싶다. 아마도 이명박 대통령도 장로이기 때문에 하나님의 사명을 받고 우리가 그러한 일들을 수행했다는 것을 잘 알고 있으리라 믿는다.

나는 외국 비즈니스를 하는 사업가이다. 그런데 어느 사업가가 정치 일선에 앞장서서 선동하고, 또 그러한 일들을 추진하며 돈과 시간을 쓰겠는가? 사업가가 정치 일선에 나선다는 것은, 더욱이 나는 제일 싫어하는 것이 정치이고 또 정치가인데 그래서 신앙적 믿음이 없었다면 이와 같은 정치적 행위는 상상할 수 없는 일이었다.

또 고백하지만 사실... 한번은, 청와대 인사국장이 전화하여 고위공직을 제안하기도 했다. 하지만 나는 이를 일언지하에 거절했다. 그러자 그분은 오히려 평생에 이런 경우는 처음이라는 듯 놀란 목소리로 "왜 안 받으려 하는데요?"라고 반문하였다.

그러나 이는 "하나님께서 이 민족, 이 국가에 대하여 뜻한 바 있으시고 그 뜻을 나를 통해 이루고자 하셨기 때문이며, 그래서 나는 이후에도 그 어떠한 공직도 받지 않았다." 오히려 받지 않겠다고 필요 없다고 선포하였다.

나는 이 나라 정치를 위하여 기도하고 있다. "정의와 공정이 지배하고 하나님의 주권이 지배하는 정치 되게 하소서, 착하고 정직한 아이에게 그 부모가 너는 커서 할 수 있는 게 정치밖에 없다 이렇게 말할 수 있는 정치 되게 하소서."

어떤 사람들은 그 씨앗을 보고 빨갛다 또는 노랗다 라고 이야기들을 한다. 하지만 그 씨앗은 하나님의 뜻에 따라 심어졌으며 싹을 틔워 자라났고, 또 두 번째 대선에서도 성공하여 열매 맺는 발판이 되었다. 그리고 이제 나는 모든 정치활동을 그만두었다. 내게 주신 사명을 다 하였기 때문으로, 이 모든 사실은 신앙 고백이기에 사실 그대로 말하고자 하였다.

서울중앙

사면·복권장

성   명   김민배

주민등록번호   490720-

죄   명   공직선거법위반

형 명 형 기   징역 1년3월 집행유예 2년

위 사람에 대하여 사면법 제5조, 제7조의 규정에 의거 형 선고의 효력을 상실케하는 동시에 복원하는 대통령의 명령이 있으므로 이에 사면·복권장을 발부함

2010년 8월 15일

법 무 부 장 관

4)
성전을 세우다

"너희는 먼저 그의 나라와 그의 의를 구하라. 그리하면 이 모든 것을 너희에게 더하시리라. (마태복음 6:33)"

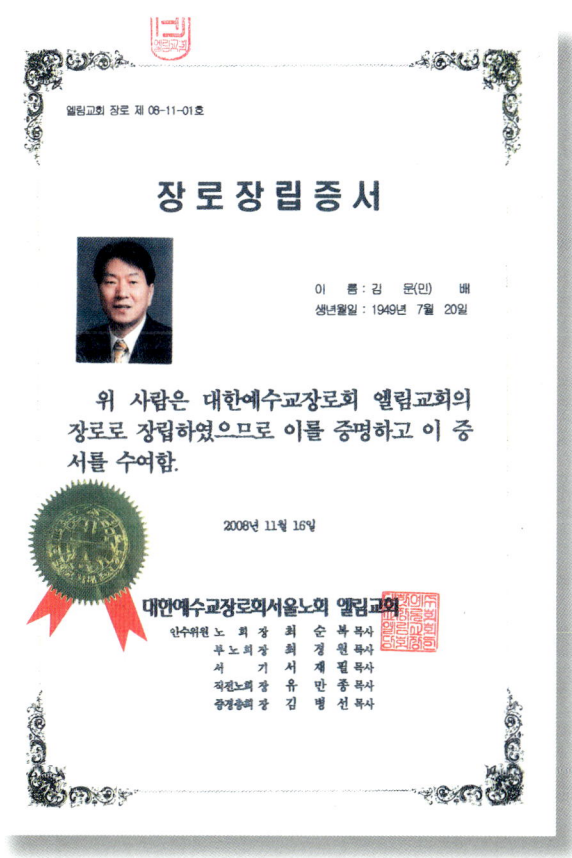

사실 엘림교회 최순복 목사님하고 나의 가족하고는 특별한 인연을 갖고 있다. 왜냐하면 나는 당시 온누리 교회에 출석하고 있었지만 최 목사님과는 아주 각별한 사이였으며, 예전부터 우리 집에 와서 나와 내 아내, 그리고 아들딸들을 하나님에게로 연결해주는 그런 영적인 역할을 해 주셨기 때문이다. 또 무슨 일이 있으면 집에 와서 기도를 해주시고, 요즘은 추모예배 등 모든 것을 다해주고 계시기도 하다.

이전에 최 목사님께서는 신림동 어느 언덕 위 지하 건물에 개척교회를 세우고 계셨다. 당시에 나는 개척하신 엘림교회를 섬기는 건 아니었지만 그래도 무슨 일이 있을 때마다 한 번씩은 아들과 함께 그 교회에 가곤 했었다. 그런데 하루는 예배를 드리고 나서 점심을 준비했다고 하시기에 나는 우연히 목사님 방이라는 곳에서 함께 점심을 먹게 되었다.

그리고 그때 밥을 먹으면서 둘러보니 "아…! 이게 아니구나." 하는 생각이 갑자기 떠오르는 것이다. 이전까지는 그렇게 크게 느끼지 못했는데 그날에는 이래선 안 되겠다 하는 마음이 생기는 것이다. 또 그 순간에 갑자기 성지빌딩 5층이 떠올랐다.

"당시 내가 가지고 있던 성지빌딩은, 지하 2층~지상 7층의 상업빌딩(건평: 1,165평)으로 8차선 도로에 접해있고 버스정류장이 앞에 있고 횡단보도 건너편에는 큰 재래시장이 있고 건물 뒤쪽에는 음식점이 즐비한 번잡한 상업지역이라 세를 내놓기만 하면 금방 나가는 그런 지역이었는데, 이상하게 5층만 임대가 잘 안 되는 것이었다. 위치가 좋은 지역이라 다른 층들은 세를 놓기만 하면 금세 나가고는 했는데 그 5층만 1년이 다 되도록 잘 안 나가는

것이었다."

설사 임대가 되더라도 단기임대이고 그리고 또 그저 몇 달 있다가 나가는 경우가 대다수였다. 그래서 차라리 "내가 사무실을 이리로 옮길까" 하는 생각도 하고 있었다. 참 이상하다 싶었는데 그날, 바로 목사님의 방에서 밥을 먹다가 갑자기 성지빌딩 5층이 떠오른 것이다. 당시 5층(건평:165평)의 시세는 보증금 5천~1억, 월세가 500~600만 원 정도였다.

"아! 하나님이 예비하셨기 때문에 그래서 어느 누구도 손을 대지 못하게 하셨구나."

이런 생각이 떠오르자 나는 바로 최순복 목사님께 "목사님 우리 빌딩 5층에 가보십시다. 가서 마음에 드시면 교회를 옮기십시다. 제가 인테리어까지 책임지겠습니다."하고 말하였다. 그래서 엘림교회가 신림동 지하에서 성지빌딩 5층으로 옮겨지게 되었다. 이것은 나의 생각이라기보다는 하나님의 영이 역사하셨기에 가능했던 일이었다. 그 후에 충남 보령에 제2의 엘림교회를 봉헌하기도 하였다.

2015년 4월 중순에 필리핀 시내에서 조금 떨어진 빈민촌에서 10년 이상 선교활동을 해 오신 김성제 목사님을 만났다. 150여 명의 빈민촌 어린이들이 천막 교회에 출석하여 열정적으로 예배하는 아름다운 모습에 본인 고생은 다음이고 다만 예배 장소가 비좁고 열악하여 더 이상 어른들은 물론이고 어린아이도 예배드릴 수 없는 안타까운 사정을 토로했다. 인근에 80평 정도의 땅이 매물로 나와있다 했다. 한국에서 재봉틀을 제공하고 또 빵 공장도 짓겠다는 성도님이 계신다고 하셨다. 나는 지금 이 80평의 성지를 봉헌할 계획에 있다. 그 성지 위에 교회도 건축하고 선교사님 거주지도 마련하고 또 급식과 어린아이들의 직업훈련도 할 수 있는 빵 제조기술과 재봉기술을 전수시켜 이곳 빈민촌에 희망을 주면 하나님을 향한 찬양의 함성이 울려 퍼질 것입니다.

엘림교회
최순복 목사님의 증언 Ⅱ

"엘림교회를 통한 장로님의 믿음의 역사"

당시에 저는 장로님께, 출석하는 온누리교회에 등록을 하시고 그곳에 출석하시라고 말씀을 드렸습니다. 그랬더니 장로님께서 제가 시무하는 엘림교회 예배에 한번 오시겠다고 말씀하시는 것입니다.

그때 엘림교회는 신림동 숙고개 어느 건물 지하에서 13~15명이 예배드리고 있었습니다. 당시 뺑소니 교통사고로 오른쪽 다리를 다 절단한 동생 최둘복 권사(현)와 남편 박용규 장로님(2007년 장로 장립)께서 사역을 협력하여 함께 개척멤버로 계셨습니다. 그 교통사고로 보상받은 돈으로 병원비 내고(3년 만에 판결됨), 그리고 헌금으로 올린 돈으로 보증금을 내면서 그 몸으로도 일하시며, 월세를 감당하고 함께 기도하고 봉사하며 교회를 세워가던 중이었습니다. 현재도 여전히 사역에 조력자이십니다.

저는 서울 명지대학 국어 국문학과를 졸업하고 롯데물산에서 회계 담당으로 8년을 근무했습니다. 어느 봄날 가장 친한 친구가 출산을 하다 죽는 날 아침 나도 모르게 회사 옥상으로 달려 올라갔고 데굴데굴 구르며 "주님 이제는 가겠습니다." 하고 사표를 제출했습니다. 1년 후 사장님께서 무엇을 어떻게 해 주면 회사로 다시 오겠냐는 연락을 받았습니다. 회계부서라 일이 너무 많아 늘 밤낮 없이, 휴일 없이 월차결산 상하반기 결산 년차 결산 등등... 주일날 교회 예배를 갈 수 없는 날이 많았습니다. 저는 예배를 갈 수 있도록 해주면 다시 갈 수 있다고 말했습니다. 그 후 특별 경리 담당으로 발령을 받고 출근을 다시 하게 되었고 가장 좋은 최대의 배려로 혼자 사용 특권을 받은 사무실에서 마음껏 찬양을 듣고 부르며 일할 수 있었습니다. 영락교회에서 박조준 목사님 설교에 폭포수 같이 쏟아지는 은혜를 받으며 구원의 감격 속에서 봉사하며 천국의 삶 그 자체였습니다.

내 인생이 종말을 맞이하고 하나님 앞에 섰을 때 하나님께서 원하시는 일을 하고 하나님 앞에 서야 한다고 생각하고 사모 사명을 받은 나는 사명을 따라 결혼을 해야 하기에 결혼을 위한 기도로 금식기도 등등... 7년을 기도한 후 목회자와 결혼을 하게 되었습니다. 결혼 1년 만에... 아이가 출생한지 1주일 만에 남편은 목회하시다 천국 가셨습니다. 남편을 먼저 천국 보내고 핏덩이 같은 어린 아들을 안고 남긴 것은 복음을 위해 자신을 다 바친 믿음 밖에 없었습니다. 그때 심정이 어떠했겠습니까. 얼마나 앞이 막막했는지 관이 들어갈 그 땅속에 내가 묻혀 버리고 싶었습니다.

관은 땅으로 내려가 흙 속으로 묻힐 때 나는 공중에서 유리병이 큰 바위 위에 떨어져 산산이 깨어져 버리는 것처럼 나는 산산이 깨어지고 부서져 파편이 되어 버리는 것을 느꼈을 때 예수님 조용히 오셔서 그 십자가에서 못 박히신 손으로 나의 눈물을 닦아 주시며 "항상 내가 너와 함께 할 테니 나와 함께 가자."라고 말씀하시며 어루만져 주셨습니다. 3년 후 신학을 공부하고 사역 중에 석사, 박사 과정을 공부하며 후회 없이 주님의 권능 힘입어 주님과 동행하며 하나님의 종의 길 목회자의 이길 가고 있습니다. 이 길은 나의 최상의 복된 길입니다. 아이 선교가 5살 때부터 충현교회 부교역자로 12년을 밤과 낮이 없는 사역을 하였고 게다가 목회상담학 신학교 강의를 하느라 챙겨 줄 사람이 없어 아이는 영양실조가 다 걸리는 상황이었습니다. 그러나 하나님께서는 부족한 저를 주를 위해 살고 죽을 수 있는 "오직 예수님"으로 살게 해 주셨습니다.

그러던 어느 주일예배에 김문배 장로님께서 딸 지은이와 함께 엘림교회로 오신 것입니다.

사실 저는, 한국을 대표하는 대형교회인 서울 영락교회에서 신앙생활 하고 충현교회에서 사역하고 해서 아는데 대형 교회 성도님들 개척교회 보면 한없이 초라하게 느끼기도 하는데, 장로님께서는 당시에 그런 생각이 전혀 없으셨습니다. 너무 기뻐하시며 겸손하시고 순수하신 모습은 저에게 큰 위로가 되어 주었습니다. 장로님의 딸 지은이는 "목사님! 힘내세요. 우리가 있잖아요."라는 노래를 불러 주며 돌아갔습니다.

"하나님은 규모가 아니라 예수님 피로 세운 주님의 몸이라 사랑하시고 진리가 살아 있고 하나님의 뜻을 이루는 교회를 더욱 사랑하시지요."

그런데 하루는, 예배 후 성도들이 함께 방에 모여 식사하는데 같이 하시겠다고 하시면서 "오붓한 성도들의 친교를 좋아한다."며 함께 식사를 하게 되었습니다. 그때에 교회 안에는 아주 작은 벌레들이 자꾸 날라 다녀서 살충기를 두었는데, 살충기를 보시더니 무엇이냐고 물어보시고 누가 여기서 사냐고 하시는 것입니다.

당시 박 장로님께서 "목사님께서 생활하신다."고 대답을 하셨고, 그러자 김 장로님께서 엘림교회 출석하실 것이라 마음을 정하시더군요. 그리고는 장로님 소유의 성남에 있는 성지빌딩 5층으로 옮기자며 리모델링 비용까지 감당하시면서 보증금과, 월세 없이 기꺼이 예배당으로 사용하도록 하셨습니다. 그때 성령님의 역사 하심에 이끌리심을 눈으로 보는 것 같이 심령에 느껴졌습니다. 만약 인간적인 마음에서라면 저 역시 받아들이지 않았을 것입니다. 예배당은 아주 예쁘게 리모델링이 되었고 이전을 하게 되었습니다. 그런데 어느 날 밤에 기도 중에 장로장립이 와 닿았습니다. 사실 일꾼을 세우기는 너무 빠른데 하나님의 뜻은 너무 분명하셔서 박용규 장로님과 최둘복 권사님께 함께 합심 기도를 시작했습니다.

너무 놀랐습니다. 당시 서울노회장 이었던 나는 총회장님과 식사를 하는 자리에서 기도의 응답을 말하기도 전에 총회장님께서 그런 봉사자이시라면 장로로 세우시는 것이 어떻겠느냐고 하시더군요. 사실 이 지면을 통하여 처음으로 말을 합니다. 김명숙 집사님의 1주기 추모 예배를 마치고 운전을 하고 교회로 돌아가는 길이였는데 예술의 전당 앞을 조금 지날 때 장로님 댁 거실 오른쪽 (베란다 옆)에서 모세 떨기나무 불꽃처럼 활활 타오르는 불꽃을 보여 주시며

"내가 너의 사역에 동역자로 세웠다."라는 음성에 나는 깜짝 놀랐습니다.

순간 "아!!! 우리 하나님께서 우리 장로님을 큰 일꾼으로 사용하시겠구나." 10주기가 되면 그때 말하자 하고 마음에 새기며 하나님의 하시는 일을 바라보며 기도하고 지냈습니다. 사람이 자의적으로 해석하고 받아들여 앞서가다가 오류를 범할 우려가 있기 때문에 하나님께서 주시는 응답은 하나님께서 반드시 하나님의 방법으로 이끌어 가시고 하나님의 때에 이루시어 나타나기 때문에 마음에 두고 기도하고 있었습니다. 직분을 세우는 데는 믿음의 연륜으로 하나님의 사람으로 성화가 있어야 하나님께 영광을 돌릴 줄 알고 교회 질서와 덕을 세워야 하기 때문에 봉사 경력과 어떤 제도나 행정적 검증이 반드시 필요한 것입니다. 그런데 너무 짧은 신앙생활 기간인데 그것도 장로로 세우시기를 원하시는 하나님의 뜻을 받고 무척 당황했습니다.

그러나 하나님의 강력한 뜻은 때로는 모든 것을 초월하시기 때문에 즉각적으로 순종하도록 하셨습니다. 그래서 장로님께 장로장립에 대하여 기도해 보시라고 아주 편하게 말씀을 드렸습니다. 기도해 보시겠다 하시더니 그럼 어떻게 해야 하는 거냐고 물어보시고 순종하시겠다고 말씀하셨습니다.

2008년 11월 16일. 바로 추수감사 주일 오후에 장로 임직을 받으셨습니다.
(본문 말씀 벧전 5:1-3, 설교제목 : 양 무리의 본이 되는 장로)

김문배 장로님께서는 교회 재정을 늘 마음에 두고 교회를 세워 가는 일에 최선을 다하여 헌신하시면서 본인이 하셔야 될 일로 여기고 감당하셨습니다. 어떻게 하면 한 사람이라도 더 교회에 와서 예수 믿고 구원받길 원하시어 어려운 사람에게 구제하며 교회 출석하게 하십니다. 그리고 현재 이곳에 땅을 매입하게 하시고 충성을 다하는 믿음의 손길들과 함께 예쁜 전원교회로 예배당을 건축하셔서 봉헌하셨습니다.

세상에 많은 성도들이 있지만, 성전건축의 축복을 받은 사람 많지 않습니다.

"예수님의 십자가 구원의 빛이 어둠을 환히 비추입니다. 예수님은 보이는 것으로 보시는 것이 아니라 주님을 사랑하며 믿음으로 진실하고 충성된 사람을, 교회를 더 사랑하십니다. 김 장로님께서 예수님의 십자가 대속의 은 총 죄 탕감받은 은혜에 감사와 감격으로 헌신하심을 하나님께서도 무척 기뻐하심을 알 수 있습니다."

예수님을 사랑하며 변함없이 교회를 염려하시며, 믿음으로 책임감을 가지시고 충성하시고, 하시는 일 어디에 가시든지 장로님은 그 자리에서 하나님을 높이십니다. 영광을 돌립니다. 예배드리기를 기뻐하시며, 또 믿지 않는 형제들의 영혼 구원을 위하여 간절히 바라고 기도하시며 명절 때 등 초청을 해서 예배를 드리는 믿음은 고넬료를 보는 것 같았습니다.

그리고 기도 중에 응답받은 *"예수님의 죽으심과 아내의 죽음을 헛되이 하지 말라."*는 심방 가서 기도를 했는데, 귀담아들으시고 또 마음에 새기셨습니다.

어떻게 하면 하나님의 기쁨이 될까를 진심으로 사모하며 진지하신 모습은 늘 감격스럽습니다. 특히 예배드리는 자세는 더욱 놀랍습니다. 그리고 하나님께서 태어날 때 주시는 사람의 성향 있지 않습니까! 탐심과 탐욕이 없으시고 간결하신 성향이시며 어떤 일이든지 믿음으로 확실하게 분명하게 하십니다. 사람들에게 대접하시고 가난하고 병든 자 장애자들을 긍휼히 여기시며, 돌아보시고 배움에 있는 어려운 학생들에게까지 베푸시며 키우시고 나누시는 장로님이십니다. 예수님의 그 사랑을 본받아 몸소 실천하십니다.

"하나님께서는 장로님 속에 역사하시는 그 순수한 큰 믿음을 보시고 장로로 장립 시키신 일이 시간이 갈수록, 하나님 하시는 일이 너무도 놀랍고 감격스럽습니다."

저 또한, 하나님의 뜻을 따라 세례와 장로 장립한 목사로서 성령님의 역사하심을 따라 영적 책임감으로 늘 기도하며 일생토록 기도 할 것입니다.

...오직 성령이 너희에게 임하시면 너희가 권능을 받고 예루살렘과 온 유대와 사마리아와 땅 끝까지 이르러 내 증인이 되리라 하시니라... (사도행전 1:8)

5) 성령의 두루마리

성령의 두루마리를 입고 난 후, 내가 가진 모든 은사들, 눈에 보이는 것이든 눈에 보이지 않는 것이든 이 모든 것이 다 하나님께로부터 왔고 또 하나님 소유라는 것을 깨닫게 되었다.

"내가 하나님한테 유일하게 받은 것은 재물의 은사이고 그리고 줄 것도 재물의 은사밖에 없으니, 나를 배신한 사람조차도 도와주고 사랑으로 대하고자 하였다."

내가 2005년부터 지금까지 10년 동안 나눔과 봉사활동에 전념해 온 이유이다. 또한 정부에 내는 각종 세금은 고지서를 받은 즉시 조기에 납부 하였다. 세금을 제때에 내는 것은 애국이지만 조기 납부하는 것은 어려운 국가 살림에 대한 충성으로 생각했기 때문이다. 그리고 앞으로의 비전도 하나님의 뜻에 따라 하나님 원하는 곳에 가진 것 다 베풀고 하나님 곁에 가는 것이다.

내가 예수님을 만난 이후, 변화된 삶을 살기 시작하면서 많은 일들이 있었지만, 내가 교회를 봉헌하고, 또 장로 직분을 받고부터 나의 모습 곳곳에서 변화가 일어났다. 특히나 담배에 대한 이야기는 요즘 담배 끊으려는 사람들에게도 도움이 되지 않을까 싶기도 하다.

2008년 11월에 나는 장로 직분을 받았는데, 12월 어느 날인가 갑자기 담배가 써서 피울 수가 없는 것이다. 그 다음 날도 또 다음 날도 더욱더 담배가 써져서 입에 댈 수조차 없게 되었다. 사실 내가 담배를 열아홉 살 때부터 피웠으니 거의 40년을 피운 셈인데, 그래서 적게 필 때는 하루에 한 갑, 많이 필 때는 하루에 두 갑을 피웠던 담배가 갑자기 쓰게 느껴지며 피울 수 없게 된 것이다.

당시에 나의 유일한 낙이자 가장 사랑했던 기호식품이 담배였는데… 이러니 너무도 답답하고 또 생활에 낙이 없고 마음이 텅 빈 것 같아 견딜 수가 없었다. 그래서 나는 그날부터 하나님께 기도를 드리기 시작했다.

"하나님, 저는 아내도 없고 또 그 흔한 골프채 한 번 잡아보지도 않았습니다. 술은 입에도 대지 못하고 세상 놀이를 함께 할 친구도 없습니다. 오로지 담배만이 저의 유일한 세상의 낙인데 이조차 빼앗아 가시면 어떻게 합니까? 담배를 피우게 해 주십시오."

정말 그때 몇 날 며칠을 기도했다. 다른 건 몰라도 담배만큼은 하나님께 허락받아서 다시 생활의 낙을 찾으리라, 하는 정말 간절한 마음이었다. 그런데도 질투하시는 하나님은 제 기도를 들어주시지 않으셨고, 결국 나는 그

끊기 어려운 담배를 본의 아니게 끊게 되었다. 그것도 아무런 부작용 없이 쉽게 끊을 수 있게 된 것이다.

사실 온누리교회 하용조 목사님이 어느 날 "내가 아는 장로님 중에 한 분이 성령이 임하셔서 담배가 갑자기 써져 담배를 끊었다."고 말씀하신 적이 있는데, 아마도 내가 성령님이 임해서 담배를 끊은 두 번째 장로쯤 되는구나 하는 생각이 들었다.

그때는 힘들고, 담배를 다시 피우고 싶어 기도도 드리고 했는데 지금에서는 하나님께 감사를 드린다. 내 몸속에 계시는 성령님께서 나의 몸을 더욱 강건케 하시고자 한 것이다. 그래서인지 정기검진을 받으면 모든 것이 OK 라고 할 정도로 건강해졌다. 물론 일주일에 4~5일 정도 헬스를 하며 노력도 하고 있다.

지금도 고등학교 동기생들을 만나면 너는 고등학교 때 얼굴하고 지금 하고 똑같다면서 만나는 사람마다 모두 젊어졌다고 한마디씩 하곤 한다. 내 몸속에 있는 성령님께서 역사하시어 나를 수십 년 전의 젊음과 아름다움으로 환원시키고 있는 것 같다.

그리고 변한 것 중에 또 하나가 있다. 나를 아는 사람들도 그렇고, 고향 친구들도 그렇고 심지어 오랫동안 같이 생활한 사람들도 모두들 "문배가 변했다."는 말을 자주 한다. 자식들도 아빠가 변했다고 하고, 정말 옛날하고 똑같다는 사람들이 없을 정도로, 모두 내가 변했다는 것이다. 지금도 돌아보면 옛날에 같이 놀던 친구 중에, 그때 횡설수설하던 친구는 요즘도 횡설수설하고 예전에 술 마시고 떠들고 깡패같이 놀던 친구는 지금도 깡패같이 놀고 그러는데, 나를 보면 "문배는 변했다."고들 이구동성이다.

고등학교 동기이자 전 포항시장을 역임했던 정장식 장로님조차 내가 변한 것은 "복 받은 하나님의 사람"이기 때문이라 말 하신다. 이처럼 모든 것에 몰라보게 좋게 변화된 나의 모습에서, 모두들 그 복이 하나님에게서 온 것이라고 믿고 있다.

사실 나의 변화된 모습을 보고, 나를 알던 사람들 중에 놀라워하고 또 그것에 은혜받아서 교회를 나가는 사람들도 생기고 있다. 뭐 내가 교회 나가라고 지나가는 말로 한 적은 있지만, 특별히 구체적으로 강요하거나 한 적은 없는데 스스로 은혜받고 나가는 사람들이 생긴 것이다.

단지 나를 통해서 하나님을 볼 수 있기를 바라는 그런 마음 뿐이지만, 그래도 지금까지 친인척을 포함하여 약 40~50여 명이 나로 인해 교회를 출석하고 있으니 기적이 아닐 수 없다. 또 나를 통해서 하나님의 임재하심을 느끼기 때문이다. 참, 우리 형제간 중에는 아주 완고한 형제도 많은데… 요즘 그 형제들이 한풀 꺾인 듯도 보이니 아마 젓가락으로 콕 찌르면 들어갈 만큼 익지 않았나 싶다.

고구마 전도라고, 왜 김기동 집사님은 지금은 안수받아 목사님입니다. (성락교회 베뢰아 김기동 목사님과는 전혀 다른 인물임) "젓가락을 집어 찌르기만하면 저절로 익기 시작한다고 어서 나가 주위에 널린 고구마들을 주저 말고 찔러라."라고 하셨는데, 내 주변에는 반 정도 익은 아마 쿡 하고 찌르면 쑥 들어갈 것 같은 그런 사람들, 앞으로 멀지 않아 교회에 나갈 사람들이 수백, 수천 명은 될 것이다. 내가 이렇게 장담하는 것은 나를 아는 사람들은 모두가 나를 통해 하나님을 보고 있으며 또 나와 함께 하는 주변의 사람들은 나를 통해서 하나님의 복이 그들에게 들어가고 있기 때문이다.

그래서 나는 전도하는 사람이 그 사람을 통해서 하나님을 보고 "아! 그렇구나." 하고 느껴야 한다고 생각한다. 사실 요즘 교회 나가자고 해서 그냥 교회 나갈 사람은 드물다. 또 설사 나가더라도 잘 못 믿거나 중단하는 경우도 많은데, 그러니까 전도하는 사람들은 실제로 성경을 읽은 사람이. 실제로 믿음의 사람이 행동으로 보여주고 그 행동을 보고 안 믿는 사람들이 따라오도록 하는 것이 가장 바람직한 전도 방법이라 말하고 싶다. 또 그렇게 되어야 오랫동안 지속될 것이라 여긴다.

어느 때인가 무척 오래되었다. 내가 새벽에 형제들을 위하여 기도하는데 어느 형수님 기도 때 갑자기 내 몸에 닭살이 돋고 온몸이 사시나무 떨리듯 했다. 나는 큰소리로 몇 번인가 "마귀 사탄아 형수님 몸에서 당장 물러가라. 예수님의 이름으로 명령한다." 하고 외쳤더니 내 마음에 다시 호수 같은 평안이 찾아왔다. 이튿날 그 형수님이 "삼촌, 고맙습니다." 하고 전화했다. 그러나 나는 그 이유를 물어보지 않았다.

그리고 로마서에 나오는 말씀인데,

"하나님을 사랑하는 자, 곧 그의 뜻대로 부르심을 입은 자들에게는 모든 것이 합력하여 선을 이루느니라." 라는 구절이 있다.

2005년이니까, 벌써 한 십 년이 넘은 것 같다. 나의 지난 스토리들을 보면 그사이에 참으로 많은 일들이 일어났고 그것이 나쁜 일이든, 좋은 일이든지 또 무슨 일이든지... 그러나 결국엔 모든 것이 합력하여 하나님의 뜻이 나를 통해서 이루어졌다는 것이다. 처음 내 외모 때문에 오해도 많이 받고 또 내 눈이 매섭다고 두들겨 맞은 적도 있다. 하지만 하나님은 이러한 외모 일지언정 하나님의 사랑의 힘으로 온화하고 너그러운 모습으로 변화시키시고 나를 통해 하나님의 임재와 역사하심을 축복과 사랑으로 이루어 가시는, 또 행하고 계획하는 모든 것이 합력하여 선을 이루신다는 점이다.

참 시력 이야기도 하자면, 사실 나는 시력이 나빠서 내 왼쪽 눈은 1.2이고 반대로 오른쪽 눈은 시력이 0.5인데, 신기하게도 각각 먼 곳과 깨알 같은 글씨도 동시에 볼 수 있는 것이다. 아마 내 두 눈도 합력하여서 온전한 시력을 이루시나 보다.

6) 기적을 체험하다

내가 2005년부터 현재까지, 그러니까 한 10년 동안 교회, 개척교회, 불우한 학생, 고아, 독거노인, 친구, 이웃, 심지어 내 주변의 친·인척에 이르기까지 나눔 활동을 전개해 왔고 또 구제단체까지 포함하여 약 33억 정도를 문배나눔재단을 통해 하나님의 뜻에 따라 베풀고 살았다. 현재도 한 달에 약 100명 정도의 개인과 단체에 월 2,000~3,000만 원 정도의 현금을 나와 내 아들, 그리고 내 딸의 개인 통장으로부터 나누어주고 있다.

그러고 보면, 신앙적 믿음으로 말씀에 순종하여 헌신적으로 이 민족, 이 국가를 위해 희생한 비용까지 감안하면, 아마도 2005년부터 쓴 돈이 한 50억 원은 되는 것 같다. 그런데 신기하게도 그것이 다 채워지는 것이다. 아니 하나님은 내가 쓴 50억보다 더 많은 그 이상으로 항상 채워주셨다.

"어느 날은 생각지도 않던 2개의 비즈니스 사업이 아주 우연하게 성사되면서 눈에 보이도록 채워주시고, 또 언제는 쓰기는 썼는데 언제 채워졌는지 모르게 채워 주시곤 하는 것이었다."

2개의 비즈니스 사업은, 처음 회사를 창립하고 얼마 있다가 비즈니스를 크게 하던 두 회사, 그러니까 우크라이나에서 합금철을 공급하는 러시아 회사가 있었고, 또 하나는 코크스를 공급하는 미국 회사가 있었는데, 초기에 이 두 회사가 주축을 이뤄주어 회사를 이끌다시피 했다.

그런데 어느 날 갑자기 두 회사가 모두 사라져버렸다. 오퍼업 이라는게 공급사의 여러 가지 사정에 의해서, 때로는 그 회사가 경쟁력이 떨어지는 경우, 다른 업종으로 전환하는 경우, 또 수출여력이 안 되는 경우도 있고 해서 오퍼업이 오랜기간동안 지속되는 경우가 상당히 어렵다. 그래서 나는 이 두 회사가 사라지고 나서 그럴 것이라 예상하고, 오랫동안 잊고 있었다.

그런데 내가 예수님을 영접한 후 성령을 입어 주님의 사역에 열중하던 중에 사라진 이 두 회사가 거짓말처럼 내 앞에 다시 나타난 것이다. 그것도 그냥 나타난 것이 아니라 기대하지 않은 경쟁력의 가격과, 또 수년 동안 공급할 수 있는 그런 정도의 물량을 가지고 나타난 것이다. 그때는 중국의 초고속 성장으로 세계원료가 블랙홀처럼 중국으로 빨려 들어갔다. 국내는 가격고하간에 물량확보도 어려웠던 때였다. 따라서 나라 경제에 공헌하면서 한편으로 그때까지 썼던 돈 이상이 이들을 통해 비지니스로 채워졌다. 정말 기적과 같은 축복이었다.

그리고 눈에 보이지 않는 기적도 마찬가지다. 분명 돈을 쓰기는 썼는데, 이상하게 언제 채워졌는지 모르게 채워져 있었다. 이건 마치 마르지 않는 우물 같다는 그런 생각이 들었다.

사실 내가 태어나 초등학교까지 다닌 시골 마을은 청도읍에서도 10여km 떨어진 어느 산 중턱에 자리 잡고 있었다. 서로 친인척 관계인 20여 가구만 살고 있는 아주 조그만 시골 마을로, 그 마을 한가운데에 동네 공동우물이 하나 있었다.

이 우물은 여름 가뭄 때에는 아침에 4~5 항아리 정도의 물이 밤새 고여 있고, 또 이 고여 있는 물을 모두 퍼내면 신기하게도 금세 또 그만큼의 물이 다시 채워지는 것이다. 그래서 마을 20여 가구가 필요로 하는 물이 하루 수십 항아리씩 만들어지는 것이었다. 그 여름 가뭄에 퍼내도 다시 4~5 항아리씩의 물이 채워지고, 또 퍼내도 다시 채워지는 신비한 우물로, 이렇게 고여 있으면 4~5 항아리의 물이나 퍼내면 수십 항아리의 물이 나왔다.

바로 하나님께서는 나를 복의 근원으로 삼으시어 고향의 그 우물물 같이 쓰면 채워주시고, 또 쓰면 채워주시곤 했다. 내가 나눔을 베풀고 하는 것들이 하나님의 뜻에 합당하였기에 이러한 기적이 일어난 것이라 생각한다.

나는 이러한 나눔 운동이 불꽃처럼 일어나길 소망한다. 나의 나눔이 하나님의 능력 안에서 행해지는 하나님의 행사요, 나눔 운동인 것처럼, 이런 나눔 운동이 하나님의 능력으로 이 세상 끝까지 번져 나눔이 최고의 기쁨이고, 자랑이며, 누구나 나누기 위해서 일하고 공부하는 그런 세상이 되기를 희망한다.

그렇게 되면, 정말 많이 거둔 자도 남음이 없고, 적게 거둔 자도 모자람이 없는 그런 하나님의 나라가 임할 것이라 확신하는 것이다. 그래서 이러한 모든 영광을 하나님께 드린다.

그리고 나는 2013년 2월에 훈장을 받았다. 나의 헌신적 봉사와 나눔에 대한 공로로 대한민국 "국민포장"을 받은 것이다. 당시에 나와 함께 가수 김장훈씨도 훈장을 받았는데, 나는 이 훈장이 지난날 나의 모든 행함으로 인해 나와 아들, 딸에게 준 축복이라 생각한다. 또 이것은 하나님의 뜻이라는 징표라 믿고 있다.

"하나님을 사랑하는 자 곧 그 뜻대로 부름을 받은 자는 모든 것이 합력하여 선을 이룬다."는 것처럼, 하나님의 뜻이 내 뜻이 되고 나를 통해 하나님의 행사가 만사형통하는 것이라 생각한다.

7)
믿음의 씨앗을 나누다

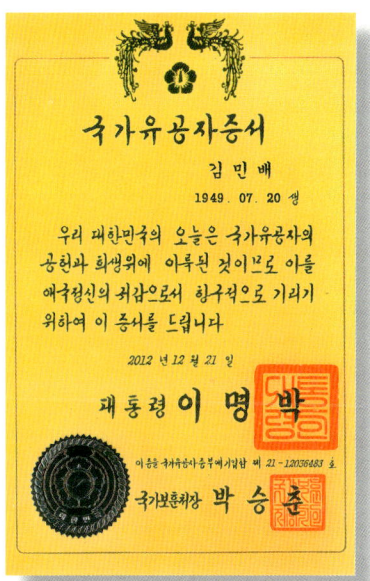

내가 이러한 간증집을 내어야겠다 생각한 것은 자랑하기 위함이 아니다. 성경에도 "선한 일은 말하지 말라."라는 말이 있다. 선한 일, 착한 일을 말해가지고 잘했다고 칭찬을 들으면, 그것은 그 행동에 대한 하나님의 보답을 이미 받았기 때문이다.

하지만 나는 이러한 하나님의 복을 못 받는다 하더라도, 또 사람에게 칭찬

받으려고 나 자신을 자랑하기 위한 것은 더구나 결코 아니다. 나를 통해서 하나님이 어떻게 역사하셨고 또 하나님의 자녀가 하나님의 사랑으로 살아가는 방법을 알려주고자 해서이다. 마음의 중심에 하나님을 모신 믿음의 사람이 어떻게 하나님으로부터 어떤 축복을 받고 또 어떤 능력을 받고 그리고 그 사명을 어떻게 수행하는지 보여주고자 하는 것이 가장 큰 이유이다.

어릴 적에 아버지께서 나를 많이 총애하셨다. 자식 여덟 명 중에서도 가장 나를 좋아하셔서, 그래서 내가 "형 싫다."고 말하면 추운 겨울에도 형을 바깥으로 쫓아내 버리고 또 내가 무엇을 하고 있으면 언제나 사랑스럽게 웃으면서 "그래, 그래." 하시며 즐거워하셨다. 그러나 그렇게 나를 총애하셨던 아버지이지만 엄할 때는 두들겨 맞는 등 무섭기가 호랑이 같았다.

바로 내가 느끼는 하나님은, 그와 같이 내가 해야 될 일이나 내가 항상 어렵다고 하는 것을 기도하면 다 들어주시곤 했다. 또 내가 어떤 일을 잘못하고, 남의 마음을 상하게 했던 부분이 있으면 나는 이것조차 기도했다. 그리고 나는 사람들한테 축복 주기를 자주 기도하다 보니 때로는 나한테 섭섭한 소리를 들었다거나 한 사람도 지나고 보면 그 섭섭함이 없는 얼굴로 나를 대하곤 하였다. 이처럼 무슨 일이 있고 하면 기도를 드리고 그러면 그 일들이 그 이상으로 잘 풀려나갔다.

심지어 날씨조차도 그랬다. 산악회 할 때에 한 에피소드가 있는데, 한번은 어떤 회원이 "중앙회장님이 오시면 성령님이 임하시어 오던 비도 그칩니다."라고 말하는 것이다. 정말로 우리는 이름이 산악회니까 산을 한 50번 이상 갔다 오는데, 그때마다 신기하게 한 번도 우산을 들고 간 적이 없을 정도였다.

아내가 세상을 떠나기 전날, 12시까지 엄청난 천둥 · 번개와 어마어마한 비가 오다가 아내가 떠난 그 새벽 2시 50분에는 하늘이 갑자기 잠잠해 지었다. 서울에서 청도로 가면 비가 그치고, 또 청도에서 비가 오다가도 아내 산소에 갈 때는 정말 비가 그치는 것이다. 기도도 하지만, 우리가 예상한 것, 상상한 것, 그 이상으로 모든 걸 잘 해주시는… 그래서 나는 하나님을 친근한 아버지같이 생각하고 있다.

"내가 만난 하나님은 내가 원하는 것을 다 알고 계시고, 또 그걸 표현하더라도 그 이상으로 모든 걸 다 이루어주시는 멋진 하나님"이라고, 그런 분이시다.

물론, 나는 항상 하나님을 두렵고 경외하는 마음을 갖고 있다.

사실 하나님이 나한테는 안 그러셨는데 다른 사람한테 라든가… 하나님이 행하는 정죄랄까 심판하시는 그런 모습을 너무나 많이 보았다. 왜 성경 말씀에 욥기를 보면, 욥이 하나님을 경외하며 믿고 사랑하였지만, 하나님은 욥을 시험하실 때에는 사탄의 손에 욥을 맡겨 버리시어 욥이 가진 모든 것을 빼앗고, 자식까지 죽이시고 그러지 않았는가. 그렇게 할 수 있는 분이 바로 하나님이신 것이다.

그게 하나님의 공의인데, 그런 면에서 나는 항상 하나님을 경외하고 잘못한 것에 대해서는 바로 회개하고, 용서를 빌고, 또 그것이 내 일이든지 자녀의 일이든지, 그리고 직원의 일이건, 회사의 일이든지 다 아뢰어 고하면 작은 것 하나도 해결해 주시는 그런 친절한 하나님으로 우리에게 보이시는 것이다. 정말 내가 경험하고 교재 하여 주시는 하나님, 그런 하나님을 많은 사람들에게 전해주고 싶은 말도 이것이다.

그리고 나에게 이러한 축복들이 아내로부터 비롯되었음을 나는 다시 한 번 말하고 싶다. 나와 내 가족에게 일어난 이 모든 기적과 축복에는, 부부가 애틋하게 사랑하다가 하나님의 뜻에 따라 아내가 먼저 죽고, 그리고 죽은 아내가 천국에 가서 하나님께 기도를 드려 살아있는 남편과 자식을 구원하고자 했기 때문이다. 그래서 천국의 축복을 주시는 것이라 믿고 있다.

내가 교회에서 간증할 때면 "남자 성도 여러분! 아내를 사랑하십시오. 얼마나 좋습니까. 그러면 여러분과 여러분의 가정에 천국의 축복이 임할 것입니다."고 간증한다. 사실 나의 이 말이 성경 구절에는 없지만, 그래도 나를 통해서 증명되었고 해서, 이 복이 나누어졌으면 하는 마음이다. 또 이 글을 통해 가슴속에 좁쌀만 한 믿음의 씨앗이 자라길 정말, 간절히 바라고 있다.

사랑의 편지 Ⅱ

〈청도중·고등학교 강경애 교장선생님〉

선생님!

가을날을 즐기기도 전에 갑자기 추워졌습니다. 건강하신지요!
선생님 도와주신 덕분에 동창회 체육대회를 성황리에 마쳤습니다. 많은 선후배 동문들이 김문배 선생님이 누구신지, 너무 고맙다는 인사를 전하셨습니다. 그리고 서영곤 교감 선생님 막내 따님 서상희 선생(저보다 2년 후배) 동기들이 선생님 연락처 물어서 알려 주었습니다.

또 얼마 전에는 우리 학교에 있다가 포항 홍해중학교로 전근 간 후배교사를 만나 선생님 이야기하다가 김명숙 선생님께서 담임하셨다고 하면서 잠시 추억에 젖어 눈시울을 적시기도 했습니다. 이 후배 교사가 다음 이야기에 또 등장을 합니다.(기대하세요!)

우리 학교가 그냥 청도 여자 중고등학교로 남아 있고, 이웃 학교가 계속 남자중고등학교였다면 어땠을까요? 저 개인적으로 보면 참 밋밋하게 교사생활 적당하게 하다가 연금 받으면서 편안한 노후를 즐기다가 이 세상 마무리할 생각을 했을 것입니다. 조금쯤 허망하고, 이게 뭐 이렇게 싱겁게 끝나는 인생인가? 하면서요.

나이 마흔을 넘어서면서 이게 아닌데, 하는 생각은 가끔씩 했습니다. 남부럽지 않게 가질 것 가지고 먹고 즐기며 살다가 어느 날 '안녕' 하는 삶이 뭔 의미가 있을까? 어떤 사람이 들으면, 배부른 소리 하고 있네, 할지도 모르지만요. 제게는 참 사는 것이 허망하다. 뭐 다른 건 없나? 하는 문제가 늘 가슴속에 자리하고 있었습니다.

하지만 김문배 선생님과의 만남은, 앞으로 남은 제 인생에 커다란 전환점이 되리라는 예감을 합니다. 선생님처럼 멋있게 살고 싶다는 마음이 들었습니다. 사랑이 넘치는 박재영 교장 선생님, 태어나서 가장 존경하게 된 이형득 교수님, 제게 친형제보다 더 소중한 김현숙 선생님이 있었지만, 제가 교회에 나가게 만든 것은 바로 김문배 선생님이십니다.

그날 교회에 나가면서 위에 적은 일들이 모두 주마등처럼 제 머리속을 스치는데, 가슴이 울컥하면서 눈물이 난 것 같았습니다. 막상 교회에 들어섰을 때에는 담담했습니다. 너무 앞서지도 말고 부정하지도 말자는 다짐을 했습니다. 이곳에 오기까지 너무나 먼 길이었는데, 오고 보니 또한 너무 쉬운 길이었다는 생각이 들기도 했습니다.

내 안에서 왜 그렇게 부정을 하고 고집을 부렸는지요. 목사님 설교는 아주 설득력이 있었습니다. 우리가 왜 예수님을 믿어야 하는지에 대해 억지를 부리지 않으면서 조곤조곤 말씀하셨습니다. 칠레 광부들의 구출 사건에 비유하시면서 사망광산에서 생명 캡슐을 타라는 말씀이었습니다. 다음 주일에도 교회에 나가기로 했습니다.

솔직히 말씀드려 '이것이 내 운명이다'란 느낌은 없었습니다. 어느 순간 저를 위한 운명적인 계기가 기다릴 것으로 믿으면서 우선은 철학 강의를 듣는 기분으로 나가렵니다. 어릴 때 주일 학교에 나간 경험이 있어 교회 분위기는 편안합니다.

김문배 선생님께서 믿는 하나님을 믿으면서 선생님 닮은 삶을 살 수 있으면 더 바랄 것이 없을 것 같습니다. 선생님, 건강 유의하시고, 언제나 행복한 나날 되시기를 기도드립니다.

2010. 10. 27 강경애 드립니다.

3부

새로운 비전

지난 세월동안 나는 많은 일을 했다. 거기에는 나의 개인적인 삶을 위한 사업도 있었고 또 하나님의 뜻에 순종하는 마음으로 해야만 했던 사명도 있었다. 그리고 그 일들을 다 마무리하면서 나는 내게 주어진 새로운 비전을 만들어야겠다는 생각이 들었다. 사실 새로운 비전이라고 해서 갑자기 생각해 낸 것은 아니지만, 그동안 해 왔던 일들을 좀 더 체계적이고 구체적으로 실행해야겠다는, 그런 생각이 든 것이다. 그리고 좀 더 이 나라를 위해서 내가 할 수 있는 일들을 해야겠다는 마음도 작용하고 있다.

그래서 가장 먼저 해야 할 일을 생각하다 보니 희망코리아가 떠올랐다. 희망코리아를 통해 민족의 비전을 실현해야겠다는 계획이다. 이 민족에 꼭 필요한 것. 이 나라를 위해 가장 시급하게 진행해야 할 일들, 그것에는 우리 민족의 가장 큰 아픔인 분단의 아픔을 씻어내는 것이 가장 시급하다는 생각이 들었다. '희망코리아를 통한 민족의 비전을 실현'하는 것. 이를 위해서는 우선 조직을 확대하는 것이 시급하다는 생각이 앞섰다.

사실, 그동안 조직 확대에 대해서는 '하나님께 속한 선거'에서 나름대로 훈련도 했었고 또 김문배 하면 조직, 조직하면 또 김문배라고 알만 한 사람들은 다 아는 부분이니, 내가 이제 본격적으로 해야겠다고 생각하는 것이다. 그래서 현재 전국 17개 광역시·도 지부, 200여 개의 시·군·구 지회 회원 60여만 명과는 별도로 중앙회 직속으로 전국여성중앙위원회를 신설하여, 이미 전국 18개 광역시·도·지부 여성위원 23명을 선정하여 금년 5월 15일 계룡산 워크숍에서 임명장을 수여했다.

이는 사단법인화를 전제로 통일 관련 계획을 세워 추진코자 한다.

① 남북통일의 기반조성 및 자유민주주의 시장경제 체재유지
② 주요 사업
　- 남북통일의 기반 조성을 위한 강연회, 세미나, 포럼개최
　- 통일 국토 종주
　- 남북통일 위한 국민운동, 출판사업, 지도자양성
　- 이 민족, 이 국가의 정체성 유지
　- 기타 통일 관련 사업

통일에 대한 소망. 유일한 분단국가 한국이 처한 지금의 현실에 가장 시급한 것은 아마도 '통일'이라는 부분에 대해서는 아무도 이견을 달지 못할 것이다. 사실 이 문제에 대해 많은 분들이 기도를 드리고 있고, 또 나도 기도 드리는 부분이기도 하다. "우리의 소원은~통~일, 꿈에도 소원은 통일~" 노래에도 있듯이 통일된 한국의 모습은 어떨까?

"나는 어쩌면 통일이 하나님께서 이 민족을 위해 준비해놓으신 큰 축복인지도 모르겠다."는 생각이 들었다.

그리고 또 내가 가장 중요하게 생각하는 일이 있다.
바로 그동안 해왔던 나눔 운동을 통한 지속적인 구제사업이 그것이다.

사실 나는 2005년부터 나눔의 집(현재 문배나눔재단으로 변경)을 통해 많은 사람들을 도와 왔지만, 이제는 이를 재단법인화해서 보다 지속적으로

해 나갈 수 있는 그런 조직을 만들어야겠다는 생각이 들었다. "문배나눔재단"을 통해 정말 보다 더 많은 이들에게 체계적이고 영구적으로 혜택을 줄 수 있으면 하는 마음이다. 가난한 자의 친구가 되어주셨던 주님처럼, 우리도 이런 마음을 가져야 한다는 생각이 든다. 내게 주신 것들은 모두 하나님께로부터 왔기에 이를 다시 모두 하나님이 원하는 곳에 쓰겠다고 몇 번인가 하나님께 서원했다. 이 다짐을 마음속에 새기고 또 새기기 위하여 주일예배 마지막에 "주님 내가 여기 있사오니" 봉헌찬양 할 때면 언제나 두 손을 높이 들고 "가진 것 모두 다 주께 드리오니"를 힘차게 부릅니다. 이것이 내가 꼭 재단법인을 해야 하는 이유이다.

가. 나눔의 집을 (재단법인) 문배나눔재단 으로 확대

① 2005년 5월부터 10여 년 동안 33억 상당을 나와, 내 아들과 딸의 개인 재산으로 하던 나눔 활동을 재단법인화로 귀속
② 재단법인화 됨에 따라 내 후손들이 주님 재림하시는 그 날까지 구제사업 지속

나. 재단재원

① 내 소유의 성지빌딩 (시가 약 85억 상당)을 온전히 재단에 기부 (월 3,500여만 원의 임대수익 예상)
② 아들, 딸 소유의 나눔빌딩 (시가 약 50억 상당)의 수익금의 30% (월 500만 원)을 재단에 기부
③ 주식회사 엠비메탈의 이익금 30% (월 300~500만 원 상당)을 재단에 기부

그리고 초대 재단이사장은 내가 해야겠지만 나는 이것이 대를 이어 내 아들·딸과 그 후손들에게 이어지길 바라고 있다. 그래서 이사진으로서 이를 이해하고 뜻을 같이하며 적극적으로 협조하는 사람들이 맡아 주기를 희망하고 있다. "시작은 미약하나 끝은 창대하다."는 성경 말씀처럼 이 같은 나눔 운동이 문배나눔재단 으로부터 시작하여 온 나라, 아니 온 세상 땅끝까지 불꽃처럼 번져나가길 간절히 바라는 것이다. 바로 이러한 나눔이 누구에게나 최고의 기쁨이 되는 세상이 되는 것이 나의 비전으로, 꼭 재물뿐 아니라 의사나 변호사, 기술사 등 재능이 있는 모든 사람들도 그 은사를 가난하고 필요한 사람들에게 나누어 주길 간절히 바란다.

"이러한 나눔이 천국으로 이어지는 희망의 디딤돌 역할이 되길 정말 고대하고 또 고대하는 것이다."

중요한 복음전파도 내가 가장 고민하는 부분 중의 하나이다.

"땅끝까지 전파되는 하나님의 사랑과 그리스도의 은혜"가 온전히 전달되는, 성령님의 역사 하심이 이루어지길 간절히 기도드리는 이유이다. 내가 하나님을 만나고 변화되었듯이, 또 주님의 은혜를 알게 되었듯이, 나는 이 간증집이 그러한 역할을 하리라 기도하고 있다. 그래서 나는 몇천 권이든, 몇만 권이든, 내가 어떻게 하나님 만나 어떠한 축복과 능력 받아 무슨 일을 했는지 하나님을 증거 하는 자료로써 이 간증집을 내가 아는 모든 사람은 물론이고 그 이웃들, 전국교회와 서점, 학교 도서관 등에 무료로 배포할 예정이다.

지방순회 간증도 계획하고 있다. 희망코리아 전국 17개 시·도 지부 및 지방교회 등을 순회하며 내가 체험한 하나님의 능력과 살아계심을 간증하려 한다. 또 그러한 지방순회에 문배나눔재단을 통한 나눔 외에도 내가 직접 지방을 다니면서 어렵고, 하나님의 도움이 필요한 비천한 사람들에게 직접 나눠주고 싶다. 궁핍한 양로원이나 불우한 가족들, 그리고 소년·소녀 가장들을 조사해서 직접 현장에서 가서 도움을 나눠 주고자 한다. 이와 같이 현장에서 복음 전도와 나눔의 사역을 하는 도중에 하나님 곁에 가고 싶다. 이것이 나의 소망이다.

오늘날 저희에게 주어진 직분이 중차대하고 거룩하여 부족한 저로서는 감히 감당할 수 없으나 성령님께서 감당할 능력을 주실 줄 믿습니다.

저희는 기쁠 때나 즐거울 때나 때로는 험한 길 일지라도 주님만 따라가기로 마음을 깊이 다짐합니다. 끊임없는 기도 부탁드립니다. 여러분의 가정 위에 하나님의 놀라운 축복이 늘 넘치시기를 기원하면서 이 글을 마칩니다.

감사합니다.

〈 문배나눔재단 정기후원자 감사 문자〉

1. 이옥자님

장세권, 이옥자님은 나이가 많고 다른 힘든 일은 하기 어려우셔서 폐지를 주워 생활을 하고 계신 분들로, 회장님의 매월 정기후원금액으로 병원에서 치료도 받으시고 약도 지어오신다고 하시며, 회장님의 정기후원이 없었더리면 지금 어떻게 실고 있을지.. 살아 있더라도 사는 게 아니었을 정도로 힘들었을 거라고 말씀하시며, 항상 고맙다고 감사하다고 하십니다.

2. 박성숙님

회장님께서 변함없이 도와주신 덕분에 형준이도 많이 좋아졌습니다. 내일은 형준이병원 아래층에 있는 교회에 감사예배 드리러 형준이와 함께 가려고 합니다. 아주 작은 교회지만 형준이에게 신앙의 힘으로 많은 위로를 주고 있어 항상 감사한 마음이기에 내일은 감사예배 드리러 가고자 합니다. 받은 은혜보다 더 큰 사랑을 이웃을 위해 나눠주는 삶을 살도록 노력하겠습니다.

아무리 물질이 풍족하더라도 다른 사람을 돕는다는 것은 어려운 일인데 회장님의 선행은 많은 사람들을 감동케 하고 저와 동생에게 희망을 주었듯이 다른 많은 분들에게도 새 희망을 줄 것입니다.

저의 남매도 살아가면서 항상 감사의 마음으로 살아가겠습니다. 하루속히

쾌유해서 형준이도 다른 사람 도움 줄 수 있는 삶이 되도록 하겠습니다. 항상 건강과 행복이 함께하시길 기도드리겠습니다.

3. 유창규 집사

할렐루야! 장로님 안녕 하세요. 선한목자교회 유창규 집사입니다. 하나님의 사랑으로 저와 사랑하는 아들 해수에게 흘려보내 주신 예수님의 사랑에 감사의 인사를 이제 서야 다시 올립니다. 오늘 새벽에 기도하는데 마음에 장로님께 감사의 마음을 전해야 한다는 마음을 주셔서 글을 올립니다.

사무엘 하 9장 7~8절 다윗이 그에게 이르되 무서워하지 말라 내가 반드시 네 아버지 요나단으로 말미암아 네게 은총을 베풀리라. 내가 네 할아버지 사울의 모든 밭을 다 네게 도로 주겠고 또 너는 항상 내 상에서 떡을 먹을지니라 하니 그가 절하여 이르되 이 종이 무엇이기에 왕께서 죽은 개 같은 나를 돌아보시나이까 하니라.

개와 같은 저에게 예수님의 사랑을 보내주신 장로님 감사합니다. 그리고 사랑합니다. 더욱 강건하시어 빛을 발하시고 예수님의 향기를 전하시는 장로님 되시기를 기도합니다.

4. 파란나라 장애인 어린이집 원장

장로님! 감사드립니다.
태어날 때부터 장애아로 태어나 말 한마디도 제대로 못 해 본 아이들, 세상에 태어나 한번 서보거나 발걸음 한번 걸어보지도 못한 아이들을 위하여 지속으로 후원해 주심에 감사드립니다.

갚을 수 없는 은혜, 이 큰 도움에 감사의 마음을 말로밖에 전하지 못하지만 하나님의 복 주심으로 더욱 창대케 되시기를 기도드립니다. 적립된 후원금은 천장 공사를 하는데 사용하고, 제습기와 서류분쇄기도 구입하여 잘 사용하고 있습니다. 저희 파란나라 장애인 어린이집을 운영하는데 너무도 큰 도움이 되었습니다. 추운 겨울 따듯한 사랑의 손길이 되어 주셔서 감사합니다.

2015.01.21.

김문배 장로님의 간증집에 대한 소감

간증집을 보면서...

– 아버지를 사랑하고 존경하는 아들 김성우

아버지, 이번에 집필하신 간증집을 여러 번 정독하여 읽어보았습니다. 한 글자 한 글자 너무나도 마음에 와 닿고 그때 상황들이 다시 상기되니 감동으로 눈시울이 붉어졌습니다. 저 또한 아버지와 함께 보내고 느꼈던 일들이라 제가 무엇인가 고칠 부분은 감히 전혀 없으며 제가 느낀 점을 간략하게나마 말씀드리겠습니다.

어머니께서 천국에 가신지 내년이면 벌써 10년이 되네요. 그동안에 여러 가지 일들이 많았지만 가장 저에게 뜻깊었던 일은 아버지께서 하나님의 임재하심을 마음속 깊은 곳으로부터 믿으시고 믿음에 대한 복음 전파 및 나눔 활동을 하시고 계시다는 것입니다. 그로 인해 안 믿는 사람들이 하나님의 영광을 알게 되고 한 분 두 분씩 교회를 다니시는 것을 보고 느끼는 바가 많았습니다. 보통 교회를 다니고 하나님을 믿는다고 하는 신도들도 하나님으로부터 받은 소명을 행동으로 옮기는 것은 매우 어렵다고 생각합니다. 그런 면에서 전 아버지가 정말로 존경스럽고 저도 미약하지만 아버지의 뜻을 따르도록 할 것입니다. 그리고 천국에 계신 어머니도 아버지의 이런 모습에 매우 감동하실 것입니다.

쓰신 간증집 중에 특히 제가 가장 마음에 와 닿는 부분은 정말 아버지께서 어머니를 얼마나 사랑하셨는지를 알게 되니 마음이 울컥했습니다. 특히 어머니 병수발 하실 때 회사 일도 보시면서 얼마나 아버지께서 힘드셨을지 상상이 갑니다. 제가 만약 부인이 그렇게 아프다면 그렇게 할 수 있을지 감히 상상해 보면 쉽지 않을 듯합니다.

항상 아버지 말씀대로 하나님을 경외하며 감사하는 마음으로 살 수 있도록 기도하겠으며, 이러한 믿음이 대대손손 이어질 수 있도록 간증집을 제 주위 지인들에게도 널리 널리 전달하겠습니다. 또한 아버지께서 말씀하신 대로 간증집을 시몬이 에게도 보여주고 자랑스러운 할아버지에 대해 많이 얘기해주겠습니다. 아버지가 보시기엔 너무나도 부족한 저희이지만, 항상 아버지를 기쁘게 해드릴 수 있도록 항상 노력하겠습니다.

정말 존경하고 사랑합니다. 감사합니다.

간증문 소감을 적으며...

- 딸 김지은

하나님은 '사랑'이시라는 말씀이 읽는 내내 생각나게 하였습니다.

배우자 간, 부모 간, 그리고 이웃을 향한 김문배 장로님의 사랑을 통하여 주님의 참사랑을 알게 한 귀한 글입니다. 딸로서 여러 번 아버지의 가슴 울리는 간증을 많이 들었지만, 이렇게 책으로 읽으니 또다시 새로운 감동과 눈물이 쏟아져 나옵니다. 이 책은 성령님께서 아버지, 김문배 장로님의 삶 가운데 오셔서 그를 어떻게 변화시키고, 주님의 일을 보여주신지 잘 보여줍니다.

남은 여생 가운데에도, 주님의 사랑이 그와, 자손 대대로 계속 이어져가는, '아브라함의 축복'이 함께하길 기도합니다.

간증집을 읽고,,,

- 처제 김희영

난생처음 간증집이라는 책 초안을 접하면서 조금은 기대도 되고 흥분도 되는 마음으로 한 장 한 장 순식간에 읽어 나가게 되었습니다.

자신이 느끼고 경험한 사실적인 부분들, 생각들을 정확히 말하고 체계적으로 정리해서 글로 표현한다는 것이 정말로 어려운 일인데, 단지 개인의 능력도 있겠지만 하나님을 영접하신 힘으로 그 능력으로 용기 내시고 능히 써 나가셨으리라 생각이 들었습니다. 저는 이 책의 내용을 출판되기 전에 읽었습니다.

그래서 저는 오후에 다른 일을 제쳐놓고 이 글을 정신없이 한숨에 읽어 내려가기 시작했습니다. 책에 적힌 내용들은 간략하게는 알고 있는 얘기들도 있었지만 세세하게는 알 수 없는 이야기들로 시작되었습니다. 읽기 시작한 뒤부터는 저는 멈출 수가 없었습니다. 개인적으로 늘 인생을 살아가는 데는 책이란 것이 어떤 대목에서는 아주 오랜 세월의 흔적이나 삶의 지혜로 다가온다고 생각해 왔습니다.

제가 경험해 보지 못한 또 다른 경험들과 살아온 삶의 방식들을 책을 읽는 내내 조금은 보게 되었습니다. 유년시절, 청년시절, 그리고 결혼생활과 언니의 투병생활과 하나님을 만나게 되신 이야기들 등 그 이후 봉사하시고 나눔의 실천에 대한 모든 것들이 한 글자 한 글자 가슴에 와 닿았고 중간중간 눈물이 나는 감동을 받기도 했습니다.

하나님은 이 세상 모든 사람을 사랑하시지만 준비된 자, 노력하는 자, 예비 되신 자에게 선택받은 자에게 오신다는 것을, 그리고 힘없고 나약한 저희들이 삶의 어떤 목표를 두고 살아가야 되는지에 대한 질문의 답을 보여주는 것 같았습니다.

한마디로 용기, 내면의 강인함, 한없는 사랑 깨달음. 하나님의 사람의 모습으로 삶을 살아가는 모습이라 생각되었습니다.

어린 시절 그리 부유하지 않은 가정에서 태어나셨고 유년시절 청년시절을 지내시면서 녹록지 않은 사회생활이셨을 텐데 교편생활 직장생활 또 사업으로 이어지기 까지… 많은 이들에게 삶을 통해 꿈을 꾸기만 하고 노력하지 않고 노력하여도 잘되지 않는다고 투덜대기만 하는 많은 사람들에게 꿈을 이룬다는 것은 눈에 보이지 않는 허상이 아니라, 차근차근 이루어 갈 수 있는 실체임을 생생히 보여주는 것 같았습니다.

제가 생각했던 것보다 더 많이 봉사하는 삶이고 나눔의 삶이라는 것을 더없이 하나님의 사랑을 실천하시며 사시는 분이라는 것을 알게 되었습니다. 제 생애 처음으로 글을 읽은 느낌을 감히 써보는 영광도 가지게 됩니다.

만화를 한 번도 보지 않은 사람은 만화를 그릴 수 없듯이 하나님을 경험하지 않고서는 하나님의 사랑을 실천할 수 없다는 것도 알게 되었습니다. 하나님의 사랑은 언제 어떤 모습으로도 놀랍고 위대합니다. 이 간증집은 값을 메길 수 없는 특별한 유산인 것 같습니다. 살아오는 동안 자신의 삶에 진정한 생명을 불어넣어 준 사람은 누구인가? 누구를 멘토로 살아갈 것인가?

삶의 길에서 방황하는 힘없고 나약한 많은 사람들이 이 간증집을 통해 꿈이 결코 멀리 있지 않고, 꿈을 향해 나아가는 일이 결코 늦지 않음을 알게 되길 진심으로 희망합니다. 그리하여 많은 이들이 하나님의 사랑을 나눔의 삶을 살 수 있기를 기도해 봅니다.

저를 비롯한 많은 분들이 본받고 싶은, 존경해 마지않는 분이시라고 감히 말씀드리고 싶습니다. 이 간증집을 읽으면서 기도는 하루 종일 끝도 없이 해야 하는 것이란 것도 느꼈습니다. 늘 기도하고 묵상하고 찬양하는 자에게는 응답해 주시리라 믿습니다. 보듬어주시고 품어주시고 늘 용서해주시는 하나님의 모습을 닮아가길 간절히 원합니다.

김문배 회장님 간증문을 읽고...

– 대한예수교 장로회 서울신반포중앙교회 권사, 희망코리아 중앙회 사무국장 김혜영

흔히 인생을 고해라고 합니다.
정말 이 말처럼 모든 인생에는 끊임없이 고난이 찾아옵니다. 한 가지 어려움이 지나가면 또 다른 한 가지가 닥쳐오는, 비유 하자면 인생은 고요한 호수가 아니라 끊임없이 파도가 몰아치는 거친 바다와 같습니다.

2006년 처음으로 김문배 회장님을 만났습니다. "희망세상21 산악회"라는 전국 17개 시·도 에 지부와 지회를 탄생시킨 거대한 조직이었습니다. 전국 회원 수가 100만 명에 이를 정도로 엄청났습니다. MB(이명박 대통령)를 대통령으로 만들기 위한 조직이라고 보시면 됩니다.

김문배 회장님은 그 당시 사모님을 떠나보내신 지 얼마 되지 않은 상태에서도 오직 나라나 민족을 위한다는 결심 하나로 전국 방방곡곡을 누비고 다니셨습니다. 서울에서 제주까지 2~3회씩 순방하셨습니다. 커다란 일에는 수난도 커다랗게 따라오나 봅니다. 검찰에 5번씩이나 불려다니시고 서초 경찰서에 구금되기까지.. 그런 엄청난 파도를 다 이겨내시고 드디어 MB를 대통령에 당선시키셨습니다. 인생에서 결정권을 쥐고 있는 분은 바로 하나님이십니다.

하나님을 만나기 전에는 우리의 모든 노력과 애쓰는 것이 다 헛수고일 뿐입니다. 매일매일 새벽마다 하루도 빠짐없이 기도 하시는 회장님! 기도는 하

늘 문을 여는 열쇠입니다. 장로님으로 피택되신 후로는 하나님과 교통하시는 시간이 더욱더 많아지신듯합니다.

2009년 그만둔 젊은 사무처 직원(박형준)이 불의의 사고를 당해 사경을 헤맬 때에도 커다란 도움을 주시더니 지금까지도 매달 성금을 전해주고 계십니다. 옆에 지켜본 김문배 회장님은 사명감과 정의감이 무서우리만치 강하십니다. 일하실 때는 무섭게 근엄하게 정확하게 하시지만, 그 이외는 다정다감하시고 정이 많으십니다. 지금까지도 중앙 임원 및 전국 시·도 회장단 모두에게 생일 때마다 15만 원 상당의 과일바구니를 꼭 댁으로 배달해 주십니다. 받는 저희들은 가족들에게 자랑스럽고, 또 자랑합니다. 회장님은 저희들의 소소한 입지까지도 세심하게 신경 쓰셔서 과일바구니를 보내주시는 것 같습니다.

지난해 12월 초, 이명박(전) 대통령님을 모시고 희망코리아 중앙임원과 전국 시·도 회장의 송년회가 있었습니다. 대통령 말씀이 선거 당시 대통령을 돕던 단체가 200여 개가 됐지만 이렇게 지금까지 전국 회장단들이 뿌리까지 남아 있는 곳은 "희망코리아"뿐이라고 말씀 하셨습니다. 우리는 그 말씀 한마디에 모두가 김문배 회장님께 뜨거운 박수를 보냈습니다.

저는 인생을 살면서 여러 번 역경과 고난을 경험했습니다. 그러나 좌절하진 않았습니다. "꿈"이 있었기 때문입니다. 그 꿈을 제 마음속에 계속 담아 놓을 수 있었던 가장 큰 힘은 김문배 회장님이셨습니다.

곁에서 늘 감사와 존경을 드립니다.

김문배 장로님의 간증집을 읽고...

– 문배나눔재단 직원 황두리

김문배 장로님은 참으로 대단하신 분이라는 말씀을 먼저 드리고 싶습니다. 장로님께서는 저의 상식에서는 생각지도 못했던 일들을 예전에도, 또 현재인 지금도 많이 실천하고 계십니다. 항상 본받고 배워야지... 마음속으로는 여러 번 다짐하고 생각해보았지만 부끄럽게도 저는 아직 나눔을 실천을 하지 못하고 있습니다. 하지만 작은 것부터 시작하려고 합니다.

저는 김문배 회장님의 비서로 성지빌딩 소속 직원입니다. 회장님을 모시면서 많은 것들을 느꼈습니다. 가장 먼저 생각나는 것은 비서이기 때문에 회장님께서 지시하신 업무 또는 예약과 같은 사소한 일로도 지인분들, 모르는 분들과도 통화를 하게 될 일이 많이 있습니다.

전화를 드려서 "안녕하세요, 김문배 회장님 비서 황두리입니다." 라고 말하면 어느 한 분도 저를 반기지 않은 분이 없습니다. 언제나 반가운 톤으로 저를 응대해 주시니 회장님께서 이렇게나 주변에 잘하시는 분이시구나 하고 느낄 때가 여러 번 있습니다.

저는 문배나눔재단에 속한 일도 함께하고 있습니다. 회장님께서는 매달 정기적으로 주변의 어려운 이웃, 친인척, 장애단체, 시민단체, 불우성도, 학생, 개척교회 및 해외선교사, 호스피스 단체 등 여러 개인 및 단체를 후원하고 계십니다. 정말 이렇게 개인 자산으로 매월 정기적으로 도움 주신다는 것, 그리고 제가 그분을 모시고 일하고 있다는 것, 그로 인해 저도 쓰임 받고 있다는 것 정말 어느 것 하나 감사하지 않을 수 없습니다.

간증집에는 빠져 있지만 그 외에도 너무나 많은 도움의 손길을 베풀어 주시는 경우를 곁에서 많이 보았습니다. 저의 경우를 일례로 들어 말씀드리자면, 저의 아버지는 2014년 초에 위암 판정을 받으시고 수술을 하셨습니다. 다행히 지금은 수술이 잘되어 생명에는 지장이 없으시긴 하지만 장기적으로 휴식을 취하고 매년 정기적으로 검진을 받으셔야 합니다. 이러한 저희 집 사정 얘기를 들으시고 난 후 회장님께서는 양평별장에서 유기농으로 재배하신 귀한 채소와 농작물도 저의 아버지에게 전해드리라며 매번 나누어 주셨습니다. 또한 경제적으로 어려워진 저의 가정 형편까지 생각하여 배려해 주셨습니다.

장로님 간증집을 보면서 비록 돌아가셔서 지금 뵙지는 못하지만 사모님에 대한 사랑이 글로도 충분히 전달되고 느껴져서 이런 사랑도 있구나, 사모님을 이렇게나 사랑하셨구나 하고 마음이 먹먹해졌습니다. 전에 우림교회 간증에서 "남자 성도 여러분 몸과 마음을 다해서 아내를 사랑하십시오. 얼마나 좋습니까. 그러면 여러분과 여러분의 가정에 천국의 축복이 임할 것입니다."라고 간증을 하신 것이 생각납니다. 장로님께서는 사모님을 이렇게나 사랑하셨구나…

마음이 따뜻해지는 간증집 잘 보았습니다. 감사합니다.

김문배 장로님의 간증문 출간을 기뻐하며...

– 기독교 대한감리회 선한목자교회 차성희 권사

몇 년 전 남편의 고등학교 동창 송년회 모임 때였습니다. (장로님은 제 남편의 고등학교 동창입니다.) 즐거운 여흥시간이 끝날 무렵 장로님께서 마이크를 잡으셨습니다.

사랑하는 부인을 얼마 전 하늘나라로 보내신 후여서 그런지 혼자 참석하셨던 장로님이 마음을 씽-하게 했습니다. "지금까지 많은 물질 모으게 하신 분이 하나님이셨음을 깨닫고 어려운 이웃을 위해 나누어야 되겠다는 마음을 하나님의 은혜로 깨닫게 되었노라고!" 마음 흔들리지 않으려고 여기 모인 동창들이 증인이 되게 하려고 발표하신다는 것이었습니다. 그 당시 저는 몇몇 동창 부인들 모임에 나오셔서 맛있는 음식 대접해 주시던 믿음 좋으셨던 부인 김명숙 집사님의 돈 많으신 남편으로만 알고 있던 터였습니다.

저는 이 기회를 하나님께서 주신 기회라 생각하고 자리에 들어오신 장로님께 가까이 가서 "장로님, 너무 귀하십니다. 제가 돕는 분이 있는데 연결 시켜 드리면 안 될까요?" 즉시 대답하시더군요. "좋다!" 라고..

그때 저는 제가 살던 동네 길가에서 다리를 절며 폐지를 모아 리어카에 올리시던 할아버지를 도와드리게 되어 그 후로 쌀이나 라면, 폐지를 힘껏 모아다가 집에 가져다 드리는 정도의 도움밖에 못 해 드리던 때였습니다. 하나님께서는 저의 이런 마음과 함께해주시어 귀한 장로님을 연결 시켜 주시었던 것이었습니다.

할렐루야! 할아버지 돕는 일은 물론, 엄마 없이 아빠 혼자 어린이들을 키우시는 교회집사님의 아들, 교통사고로 부모를 모두 잃은 교회의 자녀들까지… 장로님의 사역은 이뿐이 아니었습니다. 이 땅에서 어렵게 목회 활동 하시는 목사님들, 더 나아가 땅끝까지 복음을 전하라 부탁하신 주님의 명령 따라 해외 선교지에서 땀 흘리며, 뜨거운 눈물 흘리며 그 땅의 복음화를 위해 사역하시는 페루, 미얀마, 필리핀의 선교사님들에게까지 장로님의 헌신은 계속 되고 있습니다.

아울러 우리나라 남과 북이 하나님의 말씀으로 하나 될 때 통일 후의 북한 선교를 위해 쓰임 받을 탈북 청소년들을 위한 위탁 교육하는 기관 – "하늘꿈 학교"(성남시 복정동 소재)를 위한 후원도 마다치 않으셨습니다. 이렇게 어려운 이들을 물질로, 기도로 도우시는 장로님 또한 선교사이시지요. 가끔 장로님의 사역을 묵상할 때마다 기뻐하시며 감사해 하시는 하나님의 마음과 모습이 보입니다. 내 마음도 덩달아 뜨겁게 뛰곤 합니다.

"또 누구든지 제자의 이름으로 이 작은 자 중 하나에게 냉수 한 그릇이라도 주는 자는 내가 진실로 이르노니 그 사람이 결단코 상을 잃지 아니하리라 하시니라." (마 10 : 42)

"삼가 이 작은 자 중의 하나도 업신여기지 말라. 너희에게 말하노니 그들의 천사들이 하늘에서 하늘에 계신 내 아버지의 얼굴을 항상 뵈옵느니라." (마 18 : 10)

장로님께서는 황송하게도 저를 가브리엘 천사라 하시네요. '기쁜 소식 전하는 자' 라고요. 부탁드리는 일을 하나님께서 보내시는 기쁜 소식이라 믿으며 받으시는 장로님을 하나님께서 얼마나 사랑하고 축복하실까요? 부인 김명숙 천사님의 "내가 죽어서라도 당신을 예수 믿게 하겠다."고 암 투병 중에도 절규하셨던, 남편을 향한 구원의 몸부림이 이렇게 열매 맺고 있음에 다시 한 번 하나님 놀라우신 구원사역을 묵상해 봅니다. 작은 자들을 위해 세상에 오신 예수 그리스도의 향기가 더 멀리, 더 높이, 더 깊이 퍼져나가기를 간절히 기도드립니다.

모든 이에게 귀감이 되는 간증을 들려주신 상보님!

주님의 이름으로 사랑하고 축복합니다.